MACHETAZO AL RECHAZO

Como Vencer el Desprecio Social a La
Discapacidad

Mireya Poumian

Copyright © **2023 Mireya Poumian**
Título: **Machetazo al Rechazo**
Como Vencer el Desprecio Social a la Discapacidad

ISBN: 9798394275807

Todos los derechos reservados
Cualquier parte de este libro puede ser reproducida o almacenada en cualquier sistema electrónico, mecánico, de fotocopiado, de almacenamiento en memoria o cualquier otro, o transmitida de cualquier forma o por cualquier medio, solo con el permiso expreso del autor.

AGRADECIMIENTOS

Quiero empezar agradeciendo a Dios por su presencia que estuvo siempre manifestándose en mi salud, dándole vigor a mis huesos, fortaleciendo mi pulmón y sobre todo me ayudó a transmitir a través de este libro, qué su poder es tan real como el aire que respiro

Gracias a mi hija Megan, a mi hijo Juan Andrés y a mi esposo Javier, que sin ellos, estoy segura de que no hubiera tenido la fuerza necesaria para alcanzar este logro. Gracias por impulsarme y motivarme todo el tiempo. Los AMO.

Gracias al Profesor Carlos Aparcedo, Director de la "Escuela de Autores" por el tiempo que dedica a esta hermosa profesión, por su dedicación, esfuerzos, paciencia y compromiso, los que formaron la base fundamental de mi desarrollo como Escritora. Gracias por sus consejos, enseñanza y sabiduría.

DEDICATORIA

Este es un libro escrito con mucho amor y dedicado a las personas que tienen una discapacidad y han sufrido el flagelo del rechazo.

PRÓLOGO

No hace muchos años, mi esposa y yo tuvimos le grato placer de conocer a Mireya Poumian, durante una serie de estudios bíblicos que se realizaban On Line. A pesar de la distancia física, tan pronto comenzamos a tratarla, sentimos una gran empatía hacia ella, por ser una persona maravillosa, dulce, inteligente, pero por, sobre todo, muy resiliente, característica que la convierte en alguien extremadamente interesante y admirable. Y es que, conocer la historia de Mireya Poumian, la gran cantidad de adversidades por las que ha tenido que pasar, prácticamente desde que nació, y saber cómo ha sido tan valiente y se ha sabido levantar de tales dificultades, ha sido para nosotros algo muy impactante.

Mireya nació con una condición llamada "Escoliosis Congénita Severa Progresiva", lo cual se ha convertido en una pesada carga durante casi toda su vida. Pero cuando digo casi toda su vida, es porque, aunque durante muchos años fue víctima de rechazo muy severo, no solo por parte de personas muy cercanas a ella, sino también por muchos de quienes fueron sus compañeros de aula, hubo un momento en el que ella dijo "ya no más" y comenzó a manejar su condición de una manera muy diferente.

Este giro radical en su manera de manejar su condición, provocó grandes cambios en ella, hasta llegar a convertirse en lo que es hoy, una mujer feliz, realizada, esposa y madre, hija y servidora de Dios, excelente amiga, admirable e inigualable persona. Es imposible conocerla y no amarla.

El rechazo puede ser un problema mucho más grave de lo que parece. Muchísimas personas sufren en silencio por ser rechazadas e incluso, pueden llegar a verlo como algo muy normal y es posible que incluso ellos sientan que tienen la culpa de ser rechazados.

De igual manera, muchas personas rechazan y quizá lo hacen sin estar dándose cuenta de ello. Probablemente, de alguna manera se engañan ellos mismos pensando que rechazar a alguien por su apariencia física, o por una discapacidad, o por cualquier otra condición, es normal. Pero no lo es, de ninguna manera

En este libro, Mireya nos cuenta su impactante historia y cómo fue que en algún momento comenzaron a darse esos cambios, por lo que estoy seguro de que toda persona que haya sido o que esté siendo víctima de rechazo, así como también toda persona que tal vez de manera consciente o no, esté siendo quien rechaza, podrá ver esta situación de una manera muy diferente y comenzar a ejercer acciones que causarán cambios radicales en sus vidas.

¿Estás siendo víctima de rechazo y no sabes cómo superarlo?

¿Tal vez eres tú quien rechaza, incluso quizá sin darte cuenta de ello?

Este libro te ayudará a responder estas preguntas, a saber cómo manejar la situación y tomar decisiones que te llevaran a cambios radicales y muy positivos.

Carlos Aparcedo

Escritor – Coach de Escritores

Director de Escuela de Autores

ÍNDICE

INTRODUCCIÓN 15

CAPÍTULO I 19

   ¿MATÉ A MIS PADRES? 19

CAPÍTULO II 29

   ¿QUÉ ES EL RECHAZO? 29

CAPÍTULO III 35

   BEBE RECIÉN 35

      Como Títere: 35

      ¡Insisto, Mi Hija es Normal!: 37

CAPÍTULO IV 41

   MI INFANCIA 41

      Princesa Fiona 41

      Bulling Escolar 43

      Pesadilla o Realidad 45

CAPÍTULO V 47

   MI MOCEDAD 47

      Nada es casualidad: 47

      Momento inesperado 49

      ¡Niña Biónica! 50

      La Niña Valiente del Pabellón 2: 54

CAPÍTULO VI 59

   EL FIN DE MI CORONA Y UN MILAGRO INESPERADO ... 59

      Sonrisas, Lagrimas y un Difícil Adiós: 62

CAPÍTULO VII 67

MI JUVENTUD 67
   El Arte de Usar Zapatos: 67
   Expiación, Deseo y Pecado 69
CAPÍTULO VIII 73
   COMO MATÉ A MIS PADRES: 73
      "Una Experiencia Real 74
      "Un Hombre Que Le Dio Un Giro a Mi Vida" 76
CAPÍTULO IX 79
   JESUCRISTO SI TE DA SOLUCIÓN AL RECHAZO: 79
CAPÍTULO X 83
   COMO DARLE MACHETAZO AL RECHAZO: 83
      Hay 4 Cosas de Como Pasar del Rechazo a la Aceptación de Dios: 83
CAPÍTULO XI 89
   CON ÉL TODO LO PUEDO 89
      Una Oración Simple. 89
      Relación Profunda e Íntima Con Jesucristo 91
CAPÍTULO XII 95
   ¿QUE ES LA DISCAPACIDAD Y QUE TIPOS DE DISCAPACIDAD EXISTEN? 95
PALABRAS FINALES 107
BIBLIOGRAFÍA: 109

INTRODUCCIÓN

El ánimo del hombre soportará su enfermedad; mas ¿quién soportará el ánimo angustiado? ¿Quién soportará un espíritu herido?

Las heridas del espíritu son difíciles de definir y diagnosticar. Entran en un nivel más profundo que la mente y la memoria. Muchas personas llevan heridas en el espíritu que ni siquiera saben que tienen y las han mantenido ocultas. Sus mentes no quieren confrontarlas, sus memorias no quieren traerlas a la superficie, pero ahí están, bien profundas en la parte más íntima del ser humano.

A veces se remontan muchos años atrás, a los días de la niñez o de juventud, y la mente rehúsa encararlas, pero ahí están, como un objeto perturbador.

La causa más común de un espíritu herido es el rechazo, mayormente por aquellos que no saben expresar o manifestar el AMOR.

El rechazo es lo opuesto a la aceptación. Así viví por años sintiéndome excluida, sin valor, sin sentido de pertenencia y sobre todo sin el AMOR expresado por mis padres. Crecí insegura y llevando conmigo la herida del rechazo y como resultado, fui incapaz de recibir y de dar AMOR, produciendo en mí, reacciones como: soledad, lastima de mí misma, en apariencia era una persona que soportaba y que no me daba por vencida, pero en mi interior cada vez crecían más el resentimiento, el odio y la rebelión.

El rechazo puede destruir vidas, matrimonios, familias, amistades, etc. Por eso, las heridas deben ser sanadas, para poder afrontar cada situación adversa en la familia.

Así que te invito, me acompañes en este recorrido, escrito y plasmado en este libro llamado **"Machetazo al Rechazo";** platicándote como lo viví y como lo vencí atreves de una experiencia de un amor verdadero y puro. Dejando de albergar sentimientos que envenenaban mi corazón; ¿Sabías que estos sentimientos ocasionan profundos problemas emocionales y hasta físicos?

En este libro te invito a hacer un Acto de Fe y presentarte la solución de pasar del Rechazo a la Aceptación.

Amado lector yo soy una persona común con una discapacidad física y emocionalmente sana, capaz de saber cómo reaccionar frente al rechazo; gracias a un Hombre maravilloso que cautivo mi corazón con su perfecto AMOR, experimentando su presencia de una manera sobrenatural.

Porque, déjame decirte que no creo que una persona sea capaz de amar a menos que haya sido amada primero; por consecuente la persona que nunca ha recibido amor, no puede dar amor y ¿sabes? Esa tragedia pasa de generación a generación.

Mi querido lector, si tú no tienes ninguna discapacidad, te aseguro que, al terminar de leer este libro, aumentará tu entendimiento acerca de este tema del RECHAZO y te afirmo que la innovación y creatividad vendrá a ti con fuerza para ayudar otros que estén pasando por esta situación, porque el amor autentico y verdadero de JESUCRISTO será tan fuerte en tu corazón que te provocará a hacerlo.

CAPÍTULO I

¿MATÉ A MIS PADRES?

"Segundo Acto"

No podía creer lo que me estaba pasando, ¡Era increíble! Para mí, una invitación de un buen amigo. ¡Bueno! Ahora puedo decir que si fue un gran amigo y te diré por qué.

Estando yo trabajando en una editorial como capturista de anuncios, me llamó este conocido llamado Alex, diciéndome: "Débora, te tengo una invitación para trabajar en la empresa donde yo estoy trabajando. Se por lo que tú me has dicho: que hablas inglés y también algo de francés, además conoces sobre el manejo de sistemas de computación ¿verdad?".

Todavía yo estaba sorprendida puesto que no nos conocíamos muy bien como para que me hiciera tal invitación; mi respuesta fue corta, un rotundo "Si".

Él, inmediatamente siguió diciéndome: "Como sabes, viajamos a otras ciudades dependiendo de la empresa que nos contrate; tendrás un buen sueldo y unas buenas prestaciones, ¿te animas?" Ya te imaginas cual fue mi respuesta... "Sí", "Si" y le pregunte: "¿Qué tengo que hacer?" Lo que Alex me respondió: "solo tienes que pasar por dos entrevistas" y enseguida me dijo en donde me iban a hacer la entrevista, anoté la dirección.

Súper emocionada, nerviosa, con miedo y repitiéndome en mi mente pensamientos como: "Por fin seré normal como todos", "mi familia me va a aceptar", "van a ver mi capacidad de lo que se hacer y no mi físico", etc.....

Y fui a la primera entrevista, en un restaurante muy elegante ubicado en el centro de la ciudad.

El taxi que me llevó se estacionó en la entrada de la puerta principal del restaurante, inmediatamente me bajé del taxi, caminé solo unos pasos y alguien me abrió la puerta y levantando mi vista para verle su rostro, vi que era Alex mi conocido, quien sonriéndome me dio la bienvenida. Caminamos hacia la mesa donde estaban sentados tres hombres muy formales, todos incluyendo Alex, estaban vestidos de traje de color negro con camisa blanca y corbata negra.

Se levantaron de la mesa dándome la bienvenida y extendiendo su mano uno por uno saludándome y diciéndome sus nombres y sus nombramientos que cada uno tenía en dicha empresa.

Nos sentamos y me preguntaron si quería algo de tomar y pedí un café con leche e inmediatamente me hicieron las preguntas más comunes: mi nombre, de donde era y de donde era mi apellido y empezaron a preguntarme que tanto sabia del manejo de Software en sistemas, mis respuestas eran cortas, precisas y seguras; me sentí confiada porque precisamente estaba tomando un curso del tema, sugerido por mi jefe de la editorial, y la verdad me gustaba mucho lo que estaba estudiando. Por lo que se dieron cuenta que si tenía conocimiento de lo que estábamos hablando.

La entrevista no duró mucho tiempo, si acaso una hora y media. Al terminar me dijeron: *"muy bien Débora, te agradecemos tu tiempo y tu colaboración, te esperamos mañana a la siguiente entrevista que será aquí mismo y a la misma hora ¿está bien? Y yo emocionada dando mi respuesta inmediata: ¡Oh si claro! Está muy bien, aquí estaré gracias"*, nos despedimos de una manera muy formal y ellos se fueron. Alex mi conocido, quien también estaba contento, estuvo conmigo hasta que llegó el carro por mí.

Al siguiente día desperté casi en la madrugada muy emocionada, nerviosa y con tantos sentimientos en mi interior, que mi estómago estaba revuelto, no tenía hambre, con un solo café en mi estómago, vistiéndome y desvistiéndome varias veces, combinándome la poca ropa que tenía y con mis únicos zapatos de botita color negro.

Por fin llegó la hora de ir a la segunda entrevista e igual que el día anterior el carro se estacionó en la puerta principal del restaurante y mi conocido Alex estaba esperándome e igual me abrió la puerta sonriéndome en esta ocasión se acercó y me dio un beso en la mejilla de una manera muy amistosa y caminamos hacia la mesa, la cual era la misma con sus cuatro sillas muy acojinadas de color naranja y en la mesa con un mantel color bronce y en el centro de la mesa un hermoso arreglo de flores rojizas y amarillentas que eran otoñales. En el ambiente había un aroma sobrio de canela y manzanas.

En esta ocasión solo estaban dos personas: El director del grupo, un integrante del grupo y Alex, mi conocido, vestidos igual que el día anterior, trajes negros, camisas blancas y sus corbatas lisas de color negro.

El director del grupo quien hablaba tres idiomas: inglés, francés e italiano fue quien me hizo la entrevista.

La entrevista que duró como 10 minutos en el idioma de francés y luego en el idioma de inglés, consistió en hacerme preguntas personales: Como se llamaban mis padres, que profesión tenían, quienes eran mis hermanos y hermanas, que me gustaba comer, que me gustaba hacer, etc.

El tiempo de la plática en esta ocasión duro como 40 minutos, muy sonriente el director me dijo: "Débora ya estás dentro, lo último que vas hacer es ir a la empresa donde estamos trabajando todo el equipo, ahí estará el Director General de toda la empresa y no te preocupes la plática será en español, nada más será para que te conozca y puedas firmar todos los papeles y entregarte tus dos uniformes"; los cuales eran uno de gala y el otro casual, con un sonrisa se despidió de mi saludándome de mano.

Alex con su sonrisa igual que yo, me acompañó al carro que ya me estaba esperando, diciéndome "muchas Felicidades Débora, te veo mañana buenas noches".

Al subir al carro estaba tan contenta, había tantas emociones hermosas revolucionando dentro de mí, que la verdad mi querido lector jamás las había experimentado. Y pensé "tengo que ir bien arreglada", así que, a esa hora de la noche, tomando mi bastón que dejaba dentro del taxi en cada entrevista, me fui a comprar una blusa y una falda, ocupando el dinero que tenía destinado para la renta de mi cuarto donde yo vivía.

Y ¡Wuaoooo! ¡Llego el gran día! Me levante, me bañé, me puse mi ropa nueva, me maquillé, me puse mis botitas color negro y en esta ocasión me acerque a un espejo grande donde yo me podía ver todo mi cuerpo completo, dicho espejo estaba en la sala de la pensión donde yo vivía.

En mi mente solo estaba este pensamiento: "Lo logré, lo logré, ahora si me aceptarán", tanto pensaba así, que no me fije lo que vi a través del espejo, estaba tan feliz que se me olvido por un instante el temor que por muchos años le tenía a todos los espejos.

Llegó el taxi por mí y nos dirigimos a la empresa para firmar mi contrato e ir por mis uniformes.

Al llegar a la empresa los vigilantes preguntaron al taxista a dónde íbamos, el taxista respondió: "voy a dejar a la señorita Débora a..." y en seguida le interrumpieron contestándole que me estaban esperando y nos dejaron entrar.

En la entrada estaba Alex esperándome, me abrió la puerta del taxi y me dio la mano para bajar, me saludo con un beso en la mejilla muy contento también y me condujo a la oficina donde ya me estaban esperando.

La oficina estaba un poco retirada, pero podía ver con mucha claridad el escritorio color marrón chocolate donde estaba sentada la secretaria del director del grupo y enfrente de dicho escritorio había una salita igual de color marrón chocolate en donde me estaban esperando. el director del grupo y una chica, vestidos de traje color negro con una corbata negra, era obvio que la chica también pertenecía al grupo y en el sillón individual estaba otro hombre de tés blanca con pelo color rubio cenizo, quien vestía muy elegante, pero de color diferente a ellos.

Abruptamente se levantó del sillón individual este hombre de tés blanca y pelo color cenizo, al mismo tiempo que también se levantaron el director del grupo y la señorita. Moviendo la cabeza y señalándome, intercambiaban palabras, donde se notaba su enojo en su cara, e inmediatamente se metió a la oficina contigua al escritorio color marrón.

El director del grupo, con expresión de sorpresa observándome desde mi cabeza hasta mis pies y, sobre todo, con la mirada clavada en mi bastón, dijo: "¿Que te pasó? ¿Por qué estás usando bastón?". Mi repuesta: "¿No le comentó Alex? Yo uso bastón siempre"

El director atónito me contestó: "¡Pero en las entrevistas no lo llevaste!" A lo que le respondí: "Para distancias cortas no lo uso, además me apoyé en las diferentes sillas del restaurante, no creí necesario usarlo". y el director con su semblante triste y apenado me dijo: "Lo siento mucho Débora la empresa cuida mucho su Imagen"; así que, supe inmediatamente quien era el hombre de tez blanca y pelo color rubio cenizo, era el director general de toda la empresa, quien supuestamente me iba a dar la bienvenida y al ver mi apariencia física le provocó mucha molestia.

El director del grupo le dijo a Alex: "acompáñala a tomar un taxi y págalo". Yo sin poder hablar, mi mente paralizada, mi alma con: dolor, tristeza, vergüenza, enojo, en fin, varias emociones negativas manifestándose poco a poco en mi interior.

Mientras Alex me acompañaba a tomar el taxi me dijo: *"Débora, no sabía que les importaba la apariencia física, ¡Lo siento mucho!, No pensé que era necesario que les contara acerca de tu discapacidad; yo tengo una hermana que tiene parálisis cerebral y con la ayuda de mis papás, de mis dos hermanos y yo, la hemos apoyado, se va a recibir de Ingeniero Civil. De verdad lo siento mucho".* Siguió hablando conmigo tratándome de consolar, pero la verdad, ya no lo escuchaba.

Me subí al taxi y pensando en lo que me acababa de contar Alex. El contraste de su hermana a quien apoyaban, ayudaban, cuidaban y sobre todas las cosas la AMABAN y en mi caso todo lo contrario, vino a mente la imagen de mi padre alcohólico y de mi madre diciéndome que por culpa de mi padre nací mal y hablándome todo el tiempo mal de él.

Me quebré en llanto y diciendo "padre, como te odio, por tu culpa estoy así", lo repetía una y otra vez durante el transcurso del camino rumbo a la pensión donde yo vivía. Hacia mi madre sentí mucho dolor y enojo; siempre hubo un silencio conmigo, jamás me explicó porque yo fui diferente a los demás, nunca entendí porque, cuando estábamos a solas, de repente me daba un beso y al poco rato me insultaba.

Llegué a la pensión sin dejar de llorar, me bajé del taxi sin decirle ninguna palabra al chofer, me dirigí a la pensión saqué mis llaves de mi bolsa y abrí la puerta de la casa. No había nadie en la pensión, me metí a mi cuarto en donde pasé dos días y medio sin salir, sin bañarme y sin comer nada.

La dueña de la pensión, quien ya estaba preocupada, cada vez que me tocaba la puerta era para llevarme comida y agua, pero no la dejaba entrar y solo le aceptaba agua. Mi tristeza, dolor y llanto se volvió enojo, coraje, resentimiento y odio hacia mis padres, principalmente hacia mi padre. Conforme aumentaban los recuerdos de rechazo de mis padres, desde que nací, así también aumentaba mi rencor, mi odio y mi resentimiento hacia ellos.

CAPÍTULO II

¿QUÉ ES EL RECHAZO?

Para iniciar, tengamos presente algunas definiciones que la Real Academia Española ofrece sobre la palabra rechazar:

1. Forzar a algo o a alguien a que retroceda.
2. Contradecir lo que alguien expresa o no admitir lo que propone u ofrece.
3. Denegar algo que se pide.
4. Mostrar oposición o desprecio a una persona, grupo, comunidad, etc.

Ahora, a modo de marco teórico, para poder explicar de una manera objetiva la causa del rechazo.

De acuerdo al estudio realizado por Abraham Maslow, todos los seres humanos, sin excepción alguna, sin importar las diferencias y clasificaciones que en la sociedad se establecen, pueden desplegar sus capacidades, habilidades, emociones y conocimientos; para alcanzar una vida digna y plena dentro de un colectivo social.

De hecho, Aristóteles, filósofo griego que ha aportado a muchas disciplinas del conocimiento con su sabiduría, consideraba que alcanzar la plenitud de las capacidades humanas es el sentido y fin de todo individuo.

Podríamos decir lo siguiente que *el rechazo es*:

- Sentimiento de no sentirse deseado.
- Excluido sin valor.
- Que no pertenece.
- Sentirse fuera del círculo mirando hacia dentro.

Es la herida más profunda y común que sufre el ser humano.

"Causas más comunes del rechazo":

La causa más común es la falta de amor. en la relación familiar, con los padres; de la mamá o del papá, juntos o por separado, así como también, en la relación de pareja.

Todo bebe nace con el deseo de amor y de amor expresado; porque ese amor de padre y de madre le brinda seguridad. porque sin ello "amor expresado" llegan a ser inseguros y llevan consigo la herida del rechazo.

Hay situaciones primordiales que pueden causar esa herida:

1. Un niño que no ha sido deseado durante el embarazo.
2. Los padres que, aunque aman al niño, no saben cómo expresarlo.
3. Cuando hay un preferido entre los hermanos.
4. Cuando el niño nace con una discapacidad.

Uno de los resultados más importante del rechazo es que la persona es incapaz de recibir y de comunicar amor.

Hay tres principales maneras de como una persona reacciona al Rechazo:

1.- *"Darse por Vencido":*

Aunque no lo digan en voz alta dicen: "! ¡Ya no lo soporto!, La vida es demasiada pesada para mí, ¡No hay nada que pueda hacer!".

Este es el Orden Progresivo que generalmente produce el rechazo:

a) Soledad.
b) Aflicción.
c) Lástima a sí mismo.
d) Depresión.
e) Desesperación.
f) Falta de esperanza.

Y si **la desesperanza** sigue su curso el resultado final es una actitud de muerte o de suicidio. En estas dos últimas actitudes son diferentes maneras de enfrentar la misma condición.

La actitud de muerte dice: *"Prefiero morir, no quiero seguir viviendo".*

La actitud de Suicidio dice: *"¡Voy a terminar con todo!"* Que es el final del Descenso progresivo ya mencionado. Va más allá de una reacción natural, la persona que se da por vencida.

2.- El segundo tipo de personas es "La que Soporta":

Es la persona que aparentemente no se da por vencida. Elige una defensa que encubre su agonía y su lucha interna; La palabra para describirla seria *indiferencia,* acompañada de una sonrisa superficial. Hace un intento de estar feliz, como si no estuviera sufriendo. Y lo que realmente está diciendo: *"Yo fui herida, jamás daré otra oportunidad para que alguien me vuelva a herir"*. Ósea que Fingen.

3.- Y la tercera es la que "Contraataca":

Es la persona que se vuelve peleador, agresivo y el orden en que se desarrollan sus emociones y actitudes negativas son las siguiente:

Resentimiento.

a) Odio.
b) Rebelión.
c) Brujería o hechicería.

Hubo básicamente una generación de Jóvenes que crecieron en los años 60 que caminaron así:

Resentimiento, Odio, Rebelión y luego el ocultismo.

Su resentimiento no se debió a privaciones materiales; sino a que se les negó verdadero AMOR especialmente de sus padres.

Eran niños nacidos en hogares acomodados; tuvieron una buena educación, tenían casas, carros y hasta albercas; pero lo despreciaron todo, porque no tenían el AMOR expresado de sus padres y estos jóvenes reaccionaron con resentimiento, odio, rebelión y terminaron metidos en el ocultismo.

CAPÍTULO III

BEBE RECIÉN

Como Títere:

Siendo la cuarta de 5 hijos, tres mujeres, más dos hombres. Mi Padre un hombre alto, de tez blanca, ojos azules y pelo chino color marrón, con una complexión deportista y su profesión, Contador; tenía una personalidad, que imponía y que difícilmente pasaba desapercibido.

Mi madre una mujer elegante y muy reservada; de tez morena clara, ojos color café obscuros y pelo castaño obscuro con su cuerpo bien formado, y su profesión Maestra de Taquimecanografía en otras palabras para formar secretarias.

"¡No!, Ella nació normal" eso decía mi padre siempre que le preguntaban de mí; lo repetía una y otra vez aun estando muy alcoholizado.

Siendo yo de 3 años de edad, de tez morena clara, ojos color verde y pelo castaño obscuro y de complexión muy gordita.

De repente se escucharon gritos y enseguida corrieron al cuarto donde yo estaba durmiendo y al instante que llegaron yo no me encontraba en la cama donde dormía, mi cuerpo estaba atorado entre la pared y la cama. Al quererme sacar inmediatamente, sin darse cuenta me aplastaron más, puesto que la cama se pegó mucho hacia la pared y se oyó como tronaron mis huesos. Cuando apartaron la cama de la pared caí de cabeza al piso y llorando mucho me levantaron, pero volví a caer, *como un títere* me desplomaba y decía: "me duele, me duele, me duele".

Con la intensa temperatura que no disminuía y el dolor agudo de mi cabeza, inmediatamente mis tías, Flor, la hermana menor de madre que siempre me quiso adoptar, pero mis padres se negaron; acompañada de otra hermana de mi mamá, me llevaron a la ciudad de México al Seguro Social lo que ahora es el Centro Médico Nacional Siglo XX, enseguida me atendieron y tuvieron que hacerme estudios muy fuertes que me tuvieron que colocar anestesia raquídea, para saber si era un Tumor en el cráneo lo que me estaba dañando.

Con estos estudios mis pulmones quedaron muy afectados, así que me tuvieron que meter en un aparato llamado **Pulmotor**[1] que era una gran máquina que me permitía respirar. Estuve dentro de este pulmotor por algunos meses y mi tía Flor, fue la que se encargó de irme a ver todos los días después de su trabajo.

---

[1] Un pulmotor, pulmón artificial, pulmón de acero, o llamado correctamente ventilador de presión negativa, es una gran máquina que permite a una persona respirar cuando perdió el control de sus músculos, nervios o el trabajo de respiración excede la capacidad de la persona

Me dieron de alta y quien se hizo cargo de mí, fue mi tía por un año con la ayuda de mi abuela, mamá de mi madre.

Como duré meses dentro del pulmotor perdí la movilidad de mis piernas y de un brazo; así que parecía un bebé siendo que ya tenía 4 años y medio, desgraciadamente se atrofiaron mis músculos por lo que mi tía le tocó ayudarme con terapias y una andadera de madera que mando a hacer para mí; y fue hasta los 5 años que volví a caminar.

¡Insisto, Mi Hija es Normal!:

Los médicos les comunicaron a mis padres que yo tenía una enfermedad llamada Escoliosis Congénita Severa Progresiva la cual se desarrolló en el vientre de mi madre y que además tenía secuelas de Polio, sin embargo, mi madre llorando no dijo ninguna palabra y mi Padre aferrado ante los doctores que era una mentira, que yo había nacido normal.

El director del hospital le pidió su consentimiento a mi padre para que me abrieran la espalda, para saber que tanto daño había sufrido mi columna, porque realmente ellos no sabían exactamente porque había quedado sin movilidad ni sensibilidad del cuello hacia abajo.

El resultado de la operación que duró de 12 horas aproximadamente, fue: 7 vertebras se habían salido de su lugar, por lo que tuvieron que hacer injertos de hueso de mi pierna derecha para colocarlos en mi columna.

"Tenemos que esperar como responde la pequeña en el transcurso de las horas siguientes, puesto que el daño que sufrió fue muy fuerte y posiblemente haya sufrido un daño cerebral", esas fueron las palabras que le dijeron los médicos a mis padres; quienes se quedaron a esperar en el hospital toda la noche, puesto que pensaban por el diagnostico de los médicos que tal vez no podría pasar la noche con vida. Algunos parientes de mi madre llegaban y se quedaban un rato y se iban.

En una de esas visitas llegó la abuelita de mi madre y le dijo: *"Esther (era el nombre de mi madre), "¡Vamos a pedirle a Dios por Débora! Tu hija, vamos a pedirle a Dios que les perdone por todos sus pecados a tu esposo y a ti porque tu hija pagó por los errores de ustedes dos".* Y mi madre con esos sentimientos encontrados, confusos, llenos de vergüenza y de culpa, se sellaron con las tremendas palabras de su abuela; así que mi madre siempre cargó con ese efecto de culpa muy fuerte.

Después de tantas horas de cirugía y de terapia intensiva me trasladaron a mi cuarto en donde me estaban esperando mis padres.

Cuando los camilleros me pasan a mi cama, mis padres observaron que estaba enyesada casi todo mi cuerpo desde el cuello hasta la cadera formando un chaleco, y de la cadera a mis piernas. Además traía suero en un brazo y sangre en el otro, puesto había perdido mucha sangre en la operación.

La reacción de mi padre fue salirse inmediatamente dejando sola a mi madre en mi cuarto con el médico y las dos enfermeras que estaban conmigo.

El equipo médico estaba asombrado de mi pronta recuperación puesto que fue un cirugía muy delicada y muy difícil para lo pequeña que yo era.

Los médicos le dijeron a mi madre que me iban a estar citando para darle seguimiento a mi tratamiento el cual fue doloroso a base de fisioterapias, aparatos ortopédicos y yesos.

Desde ese día comencé mi trayectoria en clínicas y hospitales.

CAPÍTULO IV

MI INFANCIA

Princesa Fiona

Conforme fui creciendo mi cuerpo crecía de una forma muy diferente al de mis hermanas y hermanos, quienes se encargaban de decirme cuando se enojaban conmigo por lo diferente que era yo de ellos; como "coja", "chueca", "jorobada" etc.

Mi hermana Lisa quien tenía 6 años mayor que yo, era muy bonita, rubia, ojos color miel, tez blanca era la de más coraje o enojo contra mí, aparte de sus golpes y rasguños que me daba los cuales no dolían tanto como sus palabras que me decía : "Por tu culpa mi papá toma mucho", "por tu culpa ya no nos invitan con los demás amigos de mi papá", "por tu culpa mi papá gasta dinero y no nos puede comprar lo que le pedimos"; estas son las palabras más comunes que me decía, pero la palabra que marco mi vida fue: "Recuerda hagas lo que hagas, siempre serás una INÚTIL".

Y te digo una cosa mi querido lector, sus palabras fueron reales porque efectivamente nunca terminé lo que iniciaba, ni en lo académico, ni en los cursos laborales que me gané por sorteos.

Mi hermana Rosa, la mayor de todos los hermanos, fue la única que no me hizo nada, con ella me sentía más protegida y sentía su cariño hacia mí. Su manera de reaccionar ante todo los sucesos que pasaban dentro de la casa, era refugiarse en ver televisión, en hacer sus quehaceres y en sus libros que, como resultado, siempre obtuvo los primeros lugares académicos en los cuadros de honor. Ella no sabía cómo enfrentar la situación de tener a una hermana diferente a los demás y se fue a la universidad cuando yo estaba por empezar la Escuela Secundaria; fue muy triste y muy difícil para mí, me sentí por mucho tiempo sola y con mucho miedo. Definitivamente nunca supe como relacionarme con mi otra hermana y mis 2 hermanos.

Para mi padre le fue difícil aceptarme, puesto que él también era rechazado poco a poco por sus amigos, con quienes en ocasiones había fines de semana que después de que jugaban béisbol, se juntaban las familias para convivir. Poco a poco fueron disminuyendo las invitaciones familiares y fueron aumentando sus salidas con sus supuestos amigos para tomar. Así como aumentaba el alcoholismo en mi padre también aumentaron los pleitos entre él y mi madre. Con todos los sentimientos de culpa, de vergüenza, de impotencia y de desesperación por su relación con mi padre sumado a su angustia y preocupación por mí, por ver cómo se iba desfigurando mi cuerpo; mi madre se refugiaba en la limpieza excesiva, así que se absorbía en los quehaceres de la casa, se esforzaba de estar al tanto de mis hermanas, de mis hermanos y de mí: pero desgraciadamente no pudo con ello.

Bulling Escolar

A pesar de que mi escolaridad era interrumpida por estar en hospitales, en tratamientos de fisioterapia, de inhaloterapia, de hidroterapia, ultrasonidos, etc. Donde me probaban los diferentes aparatos que me hacían, tanto para mis piernas como para mi columna, los cuales algunos eran, toscos y algo pesados, lo que me ocasionaba mucho dolor.

Mi madre hablaba con los profesores de la escuela primaria justificando mis faltas y me tocaba ponerme al corriente para recuperar el lapso perdido en los recreos, preparándome para los exámenes y así poder pasar de año.

En el tiempo que asistí a la escuela siempre eran apodos como: chueca, coja, pie corto, jorobada, la sube y baja; me dibujaban en el pizarrón y escribían el apodo que querían, lo hacían al inicio de clases o después del recreo. En ocasiones me quitaban mi mochila y la pisaban, en otras ocasiones solo pasaban y me pegaban en mi espalda diciéndome "jorobada", en el poco recreo que podía salir había ocasiones que pasaban y me tiraban lo que estuviera comiendo diciéndome alguno de los apodos y jamás me defendieron mis hermanos. Ellos ni me acompañaban, cuando regresábamos de la escuela, aunque mis papás les decían que no me dejaran sola en el camino de regreso a casa y además que cargaran mi mochila. Lo único que hacían, era que pasaban corriendo, me arrebataban la mochila y se iban corriendo con sus amigos, yo me iba despacio y sola.

En la escuela solo tuve una amiga que jamás la olvidaré, ella vivía atrás de la escuela cerca de un río muy grande y profundo. Se llamaba Paty, no tenía papás, vivía con su abuelita, su casa era de cartón y su techo de láminas.

Paty era muy inteligente en la escuela siempre sacaba 10 y estaba en la **escolta**[2] desde segundo año, ella me ayudó mucho en lo académico, compartíamos lo que llevábamos para el recreo y si ella estaba cuando me querían hacer algo Paty me defendía, pues como era alta ya te imaginaras lo intimidante que era. Así que cuando salíamos de la escuela me acompañaba un tramo porque si no la regañaba su abuelita.

Hubo pocas ocasiones que yo la acompañaba a donde vivía en la hora de recreo, la conserje la dejaba salir. Nunca entre a su casita, su abuelita cocinaba afuera de su casa sobre un anafre, al que le ponía madera seca para que le diera lumbre; me gustaba comer lo que la abuelita de Paty hacía. ¡Fue una gran amiga!

---

[2] Escolta de la bandera escolar, son alumnos escogidos para acto público como honor a su brillantes y alto rendimiento escolar

En una ocasión al salir de la escuela, cuando me faltaban 2 cuadras para llegar a mi casa, no me di cuenta, que a unos pasos había una cascara de plátano y me resbale, cayendo hacia atrás y como mis aparatos ortopédicos: un corsé de piel con varillas de metal, colocadas desde mi nuca hasta mi abdomen y el de mis piernas eran zapatos ortopédicos con un aumento de 15 centímetros en mi lado derecho; eran muy pesados, por lo que se me hizo muy difícil levantarme, pasaron unos niños corriendo y no me quisieron levantar, quedándome ahí acostada en el piso llorando hasta que una señora con sus hijas, me levantaron y me llevaron a mi casa.

Pesadilla o Realidad

Por mucho tiempo pensé que era una pesadilla lo que yo vivía continuamente, pero no es así lo que me paso fue real. Sin valores, sin saber que está bien o que está mal, mucho menos principios dentro de mi familia, que cada vez más aumentaban los pleitos entre mi madre y mi padre; y por consecuencia el ambiente que se sentía dentro de la casa era muy tenso.

Cuando estudiábamos en la primaria, mis dos hermanos: uno dos años mayor que yo "el abusador", y el otro un año menor que yo, Eidan, siempre andaban juntos, como sabrás al ser una familia disfuncional la comunicación era muy escasa y las maldades abundaban. Una de ellas fue mucho más allá de lo pensable.

El abuso sexual es considerado cuando alguien toca tus partes íntimas sin tu consentimiento, o cuando alguien te muestra sus genitales y te dice que los toques, también se considera un abuso, cuando alguien frota sus genitales contra ti sin tu consentimiento.

Pues esto ocurrió con mi hermano el mayor, quien llegó a tocar mis partes privadas mientras el menor se hacía como que no veía nada. Por años bloqueé este suceso, lo negué, era como un método de auto preservación, una manera de subsistir para poder seguir conviviendo en la casa con la familia, sintiéndome responsable, avergonzada y culpable de lo sucedido.

Lo guarde tanto que mis padres nunca lo supieron y mucho menos mis hermanas.

CAPÍTULO V

MI MOCEDAD

Nada es Casualidad:

Conforme yo crecía mi cuerpo se desfiguraba y a pesar de los tratamientos tan dolorosos, de los aparatos ortopédicos, los yesos que me colocaban en mi cuerpo para impedir que la enfermedad avanzara, no fue así, a la edad de nueve años, casi diez, mi cuerpo estaba muy chueco, se inclinaba mucho del lado izquierdo y por tal postura de mi columna, se me formó una callosidad o joroba en mi espalda de lado derecho; tenía mi tórax excavado, ósea que mi pecho sobresalía hacia adelante y esto estaba afectando la función del corazón y de los pulmones.

Había ocasiones que mi madre me veía, me observaba y se quedaba pensativa por un buen rato, en otras ocasiones la oía llorando en su cuarto.

Una tarde muy calurosa, mi madre estaba en la pequeña cocina de la casa, parada frente a una mesita de madera color blanca, que siempre la ocupaba para guisar; y ahí estaba leyendo un pedazo de periódico en donde venían envueltos los frijoles que estaba limpiando para ponerlos a cocer.

En el leyó que un grupo de médicos estaban atendiendo a pacientes de escasos recursos con enfermedades muy complicadas y me llamó diciéndome: "Débora mira en México hay un grupo de Médicos que están tratando casos muy difíciles" ¿como ves? ¿Vamos?; Y le dije que sí.

Yo estaba acostumbrada a los hospitales y mi gran deseo era ser normal como los demás. Así que inmediatamente ella llamo a sus hermanas quienes vivían en la ciudad de México para que nos llevaran a la dirección indicada que estaba escrita en el periódico. Puesto que desde que se casó siempre vivíamos en pueblos por el trabajo de mi padre.

Al otro día, muy de madrugada mi madre me despertó eran las 4:00am, nos bañamos, nos arreglamos y nos fuimos las dos a tomar el camión rumbo a México.

Después de dos horas Llegamos a la capital, ahí ya nos estaban esperando en la terminal de autobuses una tía y su hijo, enseguida tomamos un camión y después un taxi.

Llegamos a la dirección que indicaba el periódico, era una Clínica de Fisioterapia, parecía como un gimnasio para personas con discapacidades.

Ahí estaban atendiendo un grupo de médicos, que estaban repartidos de dos en dos médicos más una enfermera en cada consultorio, para atender a los pacientes que llegaban.

Momento Inesperado

Tocó nuestro turno, entramos mamá y yo; y mi tía con mi primo nos esperaron a fuera. Nos recibió una enfermera quien me dijo que me quitara toda la ropa y que me pusiera una bata que enseguida me dio. Inmediatamente entraron una pareja de médicos quienes se apellidaban Elmer era un matrimonio, a quienes nunca olvidaré porque me trataron de una manera que hicieron sentir muy especial, un sentimiento que conocí hasta años después llamado AMOR.

Después de hacerle preguntas a mi madre y al mismo tiempo que me revisaban, me sacaron algunas radiografías, después nos dijeron que, si podíamos esperar afuera, para darnos una respuesta. Y así lo hicimos, esperamos afuera con mi tía quien al rato se tuvo que ir, quédanos solo mi madre y yo.

Antes de marcharse mi tía, nos dio unas tortas y unas bebidas había comprado para que las comiéramos mientras esperábamos a los doctores. La espera fue larga y las únicas personas que estábamos en esa sala tan grande y con muchos asientos vacíos, éramos mi madre y yo.

De repente salieron los doctores Elmer por una puerta de otro consultorio, nos llamaron y me dijeron que unos médicos querían volver a verme. Al entrar vi a muchos médicos sentados alrededor de una mesa larga de color blanca, la doctora me volvió a pedir que me quitara la ropa y me volviera a poner la bata y así lo hice. Los médicos que estaban en la habitación me estuvieron observando, al igual que los doctores Elmer. Después me dijeron que me vistiera y que volviera esperar afuera un ratito más, porque los doctores querían platicar con mi madre y así lo hice.

¡Niña Biónica!

De repente veo salir a los doctores Elmer, se sentaron conmigo y con mucha dulzura me dijeron que todos los doctores estaban interesados en ayudarme, que me iban a operar.

Antes de que empezaran a contarme lo que me iban a hacer los interrumpí, preguntándoles: "Me van a quitar mi joroba?" Y su respuesta de la doctora sonriendo fue: "Si Débora, te la vamos a quitar" me solté a llorar y la abracé diciéndole "¿De verdad?, ¿De verdad me van a quitar la joroba?". Por unos minutos vinieron a mi mente imágenes de rechazo que había recibido de parte de mi familia, de los compañeros de clase. En mi mente solo estaba: "Ya voy a ser normal, ya voy a ser normal", y yo no escuchaba lo que me decían los doctores Elmer, quienes me siguieron explicando con detalle todo lo que me iban a hacer.

Mi madre salió del consultorio con un doctor quien se hizo cargo de mi caso, su nombre: Arturo Gonzaga Cirujano Ortopedista especialista en Columna Vertebral; me saludo y me sonrió diciéndonos a mi madre y a mí: Que los doctores Elmer nos iban a llevar al hospital llamado "Teodoro Children" donde me iban a preparar para intervenirme al día siguiente.

Recuerdo muy bien la fecha de ese día 5 de enero, porque mi madre me había dicho: "saliendo de la consulta nos vamos a comprar tu Barbie y el juguete de tu hermano, eran los regalos del 6 de enero, "Día de los Reyes". Y continúo diciendo: "Y después nos vamos un rato a ver a tu abuelita"; es lo que solíamos hacer cuando íbamos a consultas, salíamos temprano e íbamos a la casa de los parientes de mi madre.

¡Wuaooooo! Si mi madre no hubiese limpiado esos frijoles los cuales estaban envueltos en un periódico; jamás hubiese visto ese anuncio.

¡NADA ES CASUALIDAD!, Ese día fue tan diferente, fue único, porque si mi madre no me hubiese llevado a esa consulta, a la semana o dos semanas a más tardar se hubiese quebrado en dos partes mi columna y jamás hubiese podido volver a caminar. Esas fueron las palabras que le dijeron a mi madre los médicos que estaban con ella dentro del consultorio, mientras que yo esperaba afuera; además le mostraron con las radiografías que por las secuelas de polio y la escoliosis mi cadera estaba sufriendo y le dijeron que uno de mis pulmones estaba más chico que el otro pulmón.

Cuando llegamos a la clínica ya era de noche, me hicieron una serie de pruebas diagnósticas y exámenes clínicos que se realizan previos a una intervención quirúrgica para evaluar mi estado general. Al terminar de hacerme los estudios, me llevaron al Pabellón Número 2, estipulado para las niñas donde me asignaron mi cama; una de las enfermeras le dijo a mamá que mientras me preparaban, que ella podía ir a comprarme pijama y una serie de cosas que le pidieron para mí. Seguidamente las enfermeras me llevaron al baño, el cual era muy grande; me cortaron el cabello y me rasuraron con varios rastrillos desde mi cabeza hasta mis pies, me bañé, me pusieron un líquido en todo mi cuerpo y me envolvieron en una sábana.

Mi madre llegó con las cosas que le habían pedido, y enseguida me puse el pijama de color rosa que me compró, se despidió de mí y se fue, porque ya era muy tarde.

Al otro día me despertaron las enfermeras muy temprano para terminar de prepararme porque la cirugía estaba programada a las 7am. Yo tenía miedo, pero solo pensaba que por fin yo iba a ser normal, que me iban a quitar la joroba y eso me daba valor; me pusieron el suero y enseguida me llevaron a quirófano.

La cirugía duro 9 horas y estuve en terapia intensiva unas horas más. Cuando desperté ya estaba en mi cama del Pabellón 2, mi cabeza me pesaba, también mis piernas, no podía moverme, en un brazo tenía suero y en el otro brazo tenía sangre, puesto que siempre que me operaban perdía mucha sangre. Mi madre estaba a un lado de mi cama y como siempre sola, sin mi padre quien nunca quiso acompañarla a los hospitales, ni a las clínicas de rehabilitación.

Enseguida llegaron el doctor Gonzaga y la doctora Elmer y me explicaron que me habían puesto en mi cabeza una corona de metal con 4 tornillos incrustados en mi cráneo, 2 tornillos enfrente y 2 tornillos atrás; y que en mis piernas me habían puesto unos clavos en cada rodilla rodeadas con yeso. También me dijo que me habían abierto mi columna para raspar y sacar toda la callosidad que con el tiempo se había formado en mi espalda, un bulto muy feo que me impedía acostarme boca arriba; me dijeron además: "trata de no moverte mucho, te estarán dando calmantes para el dolor" lo que obedecí al pie de la letra.

Conforme pasaban los días se fue calmando el dolor y poco a poco podía moverme; aunque realmente era mínimo lo que me podía hacer, por lo pesado de los clavos con yeso en mis rodillas y por la corona de metal en mi cabeza.

La Niña Valiente del Pabellón 2:

Después de unas semanas llegó el gran día para colocarme en "La cama de tracción ", la cual era parte importante del tratamiento para corregir la Escoliosis, curvatura que tenía mi columna.

El doctor Gonzaga junto con otros médicos le explicaron a mi madre, en qué consistía dicha cama de tracción. La cual consta de dos bases: una para la posición boca arriba y otra para la posición de boca abajo y así impedir que se me hicieran llagas por estar acostada en una sola posición. Le explicaron cómo iban a ser colocadas las diferentes pesas especiales, tanto en la corona de metal que me pusieron en mi cabeza como en los clavos de mis rodillas. Nos dijeron que iban a comenzar con poco peso e iban a ir aumentando, dependiendo de lo que yo pudiera soportar. Porque, como ya nos habían informado antes, este tratamiento era muy doloroso tanto al principio, como cada vez que me aumentaron las pesas.

Después, de un rato de estar platicando con los doctores, llegaron los enfermeros con todas las partes de la cama de tracción y la armaron. Al terminar los enfermeros su trabajo; el doctor, les fue indicando como introducirme a la cama, y me fueron colocando las pesas poco a poco y una enfermera ya tenía una inyección para calmar el dolor. Inmediatamente empezaron los dolores en mi espalda que fueron aumentando a medida que el peso hacia su trabajo. Esa noche no dormí, a pesar de que me inyectaban cada determinada hora, aun así, me dolía mucho y me la pasé llorando.

Cuando amaneció, llego el doctor Gonzaga, me vio y le dijo a mi madre que, si veían que, con el aumento de la dosis del calmante no se aliviaba el dolor, iban a tener que quitarme de ese tratamiento, a lo que yo conteste: "Si voy a aguantar, si voy a aguantar" y antes de que me aumentaran la droga para calmar el dolor, recuerdo muy bien, qué viendo el techo de Tirol dije: "Dios no sé si existes, pero si eres real, por favor ayúdame a aguantar el dolor". El dolor en mi espalda era parte de mi vida diaria, pero en esta ocasión era tan fuerte que hasta me hacía sudar y temblar todo mi cuerpo.

La enfermera me inyectó y el dolor se fue apaciguando hasta que me quede dormida. Más tarde me despertaron, ahí estaba mi madre, quien me decía que era hora de comer. Así estuve varios días; conforme me fui acostumbrando a mi cama, me iban disminuyendo la droga.

En los meses que estuve internada, tuve la oportunidad de conocer a una niña llamada Lupita, ella tenía una enfermedad causada por las drogas que su mamá tomaba. Lupita tenía 9 años, era de estatura pequeña, sus manos y sus pies tenían una deformidad muy fuerte y tenía un ojito muy pequeño, podía caminar con zapatos muy amplios; sus padres la abandonaron en el hospital y los médicos le estaban haciendo cirugías poco a poco para reconstruir sus brazos y sus pies. Nos hicimos muy buenas amigas y le gustaba mucho cuando llegaba mi madre porque le traía un dulce o fruta para ella. Se podría decir que Lupita vivía ahí y todos los médicos, enfermeras y practicantes de medicina la conocían muy bien.

Mi estancia en el hospital fue de más de siete meses y ¿sabes?, Me gustó mucho, nadie me miraba raro, nadie me insultaba o me decía apodos, nadie me violentaba y sobre todo nadie me rechazaba por ser diferente.

Recuerdo como nos gustaba ver películas de un autocinema que estaba junto al hospital, y los ventanales de nuestro pabellón eran muy grandes; así que cuando queríamos ver una película, le pedíamos permiso Lupita y yo a la enfermera del turno de la noche, si la película era apropiada para niños, recorría las cortinas que cubrían el ventanal dejándonos verla, y si no era apropiada para niños mantenían las cortinas cerradas.

También queríamos mucho a una Trabajadora Social, su nombre era Rosy, nos daba clases escolares, dependiendo en que año íbamos cada quien, ella nos enseñaba para no atrasarnos, era divertida, paciente y nos explicaba con diferentes materiales didácticos, los cuales nos gustaban mucho; y así es como dentro del hospital termine sexto año de primaria.

Recuerdo también como nos gustaba que llegaba un grupo de jóvenes y algunos adultos; cantaban con sus guitarras, contaban cuentos, nos regalaban pastelitos o dulces y platicaban mucho con nosotras.

Mientras estuve internada vi como llegaban niñas con sus papás quienes las abandonaban y no volvían por ellas. Lupita y yo tratábamos de hacerlas sonreír, cantábamos y jugábamos; si había película les decíamos, y las que podían llegaban con su silla de ruedas, muletas, o bastón. Pero si la niña estaba en otro pasillo acostada por su cirugía, Lupita se encargaba de llevarles notas mías o dibujos que les hacíamos, otras que podían caminar venían a donde yo estaba y ahí platicábamos leíamos, dibujábamos, y uno de los excelentes momentos era cuándo mi madre en ocasiones les llevaba dulces.

A mi madre le dieron un permiso especial para que pudiera ir todos los días, ya que en mi caso era necesario por la condición en la que yo me encontraba, y nada más había tres enfermeras en el día y dos enfermeras en la noche para cada pabellón. Así que con el tiempo llegaron a conocer bien a mi madre tanto médicos, enfermeras, los de servicio de limpieza del hospital y las niñas, decían: la mamá de *"La niña Valiente del Pabellón 2"*.

Si, así me decían, puesto que nos contaron a mi madre y a mí de dos casos anteriores en donde los pacientes no pudieron soportar la cama de Tracción.

CAPÍTULO VI

EL FIN DE MI CORONA Y UN MILAGRO INESPERADO

Una mañana mientras estaba tomando la clase de la primaria que nos daba Rosy la trabajadora Social, tanto a mí, a Lupita, y a otras 3 niñas que también cursaban la primaria;, se dieron cuenta que me estaba saliendo sangre de uno de los tornillos de la corona de metal, que tenía incrustado en la cabeza, yo no sentía nada y enseguida llamaron a la enfermera y ella a los médicos y llego un doctor, tomo con unas pinzas le dio vuelta varias veces y me dijo: "Débora cuando oigas un zumbido me dices ¿ok?", Eso significó que topó, dicho tornillo de metal con mi cráneo, esto sucedió tres veces más, también en ocasiones mis rodillas de pronto sangraban.

Lo que pasaba es que mi cuerpo ya estaba rechazando los tornillos y los clavos; eso fue lo que le dijeron los médicos a madre, lo que significó, que ya era el tiempo de pasar a la última fase. Y mi amiga Lupita me dijo, con una sonrisa de traviesa: "Débora es el fin de tu corona"; y todos los que estábamos ahí, nos reímos mucho.

El Doctor Gonzaga habló con nosotros, explicándonos lo que me iban a hacer, y lo que probablemente iba a sentir en esta última fase; una posible descompensación al sacarme de la cama de tracción, también me dijo que ya había platicado con mi madre y era importante que yo lo supiera, que al quitarme la corona de metal con sus tornillos y los clavos de las rodillas, me volverían intervenir una vez más mi espalda, para colocarme una varilla muy bonita que protegería toda mi columna.

AL siguiente día llegaron médicos invitados por el Doctor Arturo Gonzaga y su equipo, con ellos llegaron fotógrafos. Mientras el Doctor Gonzaga hablaba con todos, me tomaron muchas fotos, y al término de la plática, felicitaron al Doctor Gonzaga y a su equipo, así como a mi madre y a mí que en ese momento no asimilaba lo que estaba pasando.

Una vez que se fueron todos, llegaron los enfermeros, para quitarme las pesas, y sacarme de la cama de tracción en la cual dure siete meses, mi amiga Lupita estuvo ahí observando todo con mi madre. Afortunadamente no tuve mucha descompensación, así que me trasladaron en una cama normal que estaba junto al gran ventanal por el cual veíamos la gran pantalla del autocinema; y me prepararon para la operación programada.

Al día siguiente me despertaron muy temprano las enfermeras Lety y Hortensia quienes me habían preparado la noche anterior, bañándome, aseándome y rasurándome nuevamente, pero en esta ocasión fue muy diferente, había un ambiente muy familiar puesto que en los meses que estuve internada me tomaron cariño todas las enfermeras del Pabellón 2.

Lety y Hortensia me prepararon antes de cambiar su turno, una de ellas me dio un beso y la otra me dijo nos vemos en la noche pequeña.

En esta ocasión la operación duro, aproximadamente 12 horas porque tuvieron que quitarme injertos de mi pierna izquierda del hueso peroné, para colocarlos juntamente con los ganchos insertándolos en los huesos, que actuaban como anclas que sostenían la "Varilla de Harrington", desde la nuca de mi cabeza hasta el coxis. Esta técnica impediría que la enfermedad de la escoliosis avanzara.

En esta ocasión le permitieron a mi madre irme a ver a Terapia Intensiva, le dieron ropa adecuada y desinfectada para poder entrar, además era muy apreciada por el personal del hospital.

En los meses que estuve internada, así como yo tuve un proceso de transformación en mi físico; así también mi madre tuvo un proceso; un cambio en su interior. ¿Y sabes? Mi querido Lector, lo entendí años después, cuando supe, que los médicos le informaron a mi madre, en la última fase, donde al quitarme del tratamiento de la cama de tracción y colocarme la Varilla de Harrington, desgraciadamente por el daño tan severo de mis pulmones que desde pequeña yo tenía, había la posibilidad de un 90 % que nada más tendría de 4 a 6 meses de vida.

Después de unas horas en Terapia Intensiva, me llevaron a mi pabellón y al despertar estaba nuevamente con un chaleco de yeso, rígido colocado alrededor de mi torso, desde debajo de las axilas hasta mis caderas.

Mi querido lector te preguntarás y ¿qué paso?; Te invito que sigas leyendo para que así entiendas y creas lo que le pasó a mi madre.

Sonrisas, Lagrimas y un Difícil Adiós:

En esta ocasión la recuperación fue muy tranquila, con dolor dentro de lo normal y satisfactoria. Los días transcurrieron, y despúes de unas semanas me quitaron todas las puntadas tanto de la columna como de la pierna.

Gracias a Rosy la Trabajadora Social, pude terminar la escuela primaria, me dieron un documento para presentarlo en mi escuela con el cual pudieron darme mi certificado.

¿Te digo una cosa? Durante los meses que estuve en el hospital me sentí muy feliz, tuve a una gran amiga, Lupita, a quien vi cómo con las cirugías que le hacían, que igual eran muy dolorosas, valían la pena, porque poco a poco le iban quitando la gran deformidad de sus pies y de sus manos. Ella era tan alegre que contagiaba a todos siempre con su sonrisa, siempre andaba corriendo por los pasillos del pabellón y cuando no escuchábamos sus risas era porque estaba en quirófano o en recuperación acostadita en su cama. Vivimos aventuras; podría decirse travesuras como, darle dinero a estudiantes de medicina que hacían sus prácticas, para que nos compraran tortas riquísimas o que nos compraran dulces en la cafetería del hospital.

Recuerdo cómo nos divertimos, cuando hubo dos fumigaciones en los pabellones y nos llevaron a un jardín muy grande y muy bonito, nos juntaron a todos los que estábamos en diferentes pabellones: los niños, las niñas, los jóvenes y las señoritas; conviviendo unos con otros, las enfermeras dándonos material didáctico, con que entretenernos, también platicábamos con los estudiantes de medicina que llegaban para ayudar.

A los niños y niñas que dejaban abandonados en el hospital; después que se recuperaban, llegaban del DIF y se los llevaban a un orfanato.

Una mañana, después de la primera ronda que hacían los médicos, llegó mi doctor Gonzaga junto con tres médicos que también estuvieron en mi tratamiento y me dijeron: "Débora, todo ha salido muy bien, has sido muy valiente en todos estos meses; y pues te venimos a dar la noticia, que después de quitarte todos los puntos en unos días más, ya podrás irte a casa".

Me sentí muy feliz y a la vez empecé a llorar, surgieron sentimientos encontrados dentro de mí, que en ese momento no lo entendía; ese día mi amiga Lupita estaba en recuperación en terapia intensiva.

En los siguientes días vinieron a despedirse algunos de los estudiantes de medicina que me habían conocido y habían convivido conmigo, las enfermeras de los diferentes turnos, pero hubo en especial tres enfermeras a quienes quise mucho, tal vez en los momentos que hablaban conmigo no llegue a entender bien lo que me decían, pero ¿sabes? Las palabras se quedaron grabadas en mi interior.

También las personas que hacían el aseo de los pabellones vinieron a despedirse, quienes me tomaron cariño y conocían bien a mi madre porque hubo ocasiones, que ella se iba con ellos en las noches, para no irse sola a tomar el camión de regreso a casa.

El grupo de jóvenes y adultos que iban al hospital a hacer su obra social supieron que ya me habían dado de alta y también se acercaron. Llevaron pastel, cantaron y nos contaron cuentos infantiles disfrazados de los personajes del cuento. Mi amiga Lupita andaba en silla de ruedas recuperándose, puesto que en esa ocasión le habían operado uno de sus pies; que por cierto estábamos felices porque pudieron darle forma de un pie normal con 4 dedos.

En los siguientes días Llegó el doctor Gonzaga, una mañana a quitarme los puntos de la pierna y de la espalda quitándome el yeso con un aparato eléctrico y después de hacerme curación, me volvieron a enyesar de la misma manera y en esta ocasión iba a durar meses con el sin pararme, todo el tiempo acostado.

Un día antes de que me fuera a casa, mi amiga Lupita y yo nos compramos las ricas tortas de la cafetería que siempre nos gustaban, en esa ocasión las trajo la señora del aseo.

Lupita le ayudó a mi madre a guardar todas cosas que se fueron acumulando en los meses que estuve ahí. Yo le regalé mis comics, que a mí me habían regalado los cuales recuerdo bien que fueron: "Archy y sus amigos", "La pequeña Lulú" y "Popeye" y otras cosas que a ella le gustaron y que le iban a servir, con eso le demostré que, ella era alguien muy especial para mí.

Recuerdo que Fanny, la enfermera que estuvo más tiempo conmigo, llegó como siempre y junto con Lupita estuvieron hasta que llegaron los camilleros por mí. Yo pensé, que el día que me fuera del hospital iba a estar muy feliz y no fue así; La tristeza que sentí me hizo llorar y cuando llegó mi madre con los camilleros de la ambulancia para llevarme a mi casa, Lupita y yo nos abrazamos muy fuerte como si nunca volveríamos a vernos y así estuvimos un buen rato. Me acomodaron en la camilla de la ambulancia y conforme empezamos a avanzar, se despedían las niñas del pabellón. Cuando abrieron las puertas anchas de dicho pabellón 2, estaban las enfermeras, el doctor Gonzaga y su equipo, personas de intendencia, y estudiantes de medicina desde la entrada del pabellón hasta la salida del hospital, aplaudiendo, saludándome y despidiéndose, algunos me decían mi nombre, otros me decían "Muy bien niña valiente del Pabellón 2"; también se despedían de mi madre de una manera muy cariñosa.   Y como siempre solo mi madre y yo, en estas aventuras médicas.

Supe por Fanny (la enfermera) quien nos visitaba muy esporádicamente a la casa, que mi madre platicaba con Rosy la trabajadora Social y con una Psicóloga que la misma Rosy le presentó. Solo sé que, así como yo tuve un proceso médico para tener un cambio físico también mi madre tuvo un proceso emocional en el hospital.

CAPÍTULO VII

MI JUVENTUD

El Arte de Usar Zapatos:

Desde que salí del hospital a los 11 años, nunca dejé de tener mis consultas con el doctor Gonzaga cada mes, cada dos meses, cada 4 meses, cada seis meses.

En la etapa de la secundaria no entre sino hasta tres meses después cuando me quietaron el yeso, me colocaran un corsé de cuero y me rehabilite para poder asistir a clases normales.

Los directores y profesores de los turnos matutino y vespertino dieron a conocer mi caso a los alumnos de toda la escuela. Todas las clases me las grababan en casetes y yo mandaba mis tareas con mis trabajos para que los evaluaran, así que no me atrasé en lo académico y me pude incorporar a las clases sin trabas, logrando terminar la escuela secundaria.

En ese tiempo ya no me decían jorobada, pero si algunos me decían: "coja". Hasta que me gané el respeto de toda la escuela tanto el turno de la mañana como el de la tarde; cuando me metí a concursar en declamación, alcanzando un alto puesto inspirada por mi hermana la mayor quien sabía muy bien declamar y oratoria.

Al cumplí 18 años el Doctor Gonzaga me recetó unos zapatos ortopédicos, hasta que cumpliera la edad en la que mi cuerpo dejara de crecer, para poder hacerme una cirugía más y así dejar de usar los zapatos toscos y pesados. Pero con mis complejos y traumas no pude acceder a ponerme los zapatos que me habían recetado. Para mí, fue más importante la estética, como toda joven y como siempre, buscando de ser aceptada y amada por los demás.

Mientras tanto fui a vivir con Rosa, mi hermana mayor, en donde ella estudiaba la universidad y trabajaba como becaria en un Centro de Investigación, ya que ella estudió Oceanología, Biología Marina.

Realmente no la conocí mucho, ella no abrió su corazón, ni yo tampoco, no había una buena comunicación porque ambas no sabíamos cómo hacerlo, no nos enseñaron. Solo sé que me quería y su manera de demostrarlo era diferente y nunca me maltrató, por el contrario, busco de ayudarme a su estilo, ocupándome. En los años que estuve con ella, me inscribió en idiomas lo que no lo termine, trate de terminar la prepa abierta y tampoco. Yo solo sobreviví y seguí buscando ser amada y aceptada, de una manera errónea y equivocada, sin identidad, sin estima, permitiendo abusos a mi cuerpo.

A los 22 años el doctor Gonzaga me dijo que ya era hora de hacerme la cirugía para que estéticamente me viera mejor y como siempre mi querido lector, ya sabe, mi vida fue de riesgos médicos, en esta ocasión el riesgo era, que probablemente yo siempre usaría bastón, pero dejaría de usar los zapatos ortopédicos y podría usar los zapatos normales, y pues... mi respuesta inmediata fue un gran ¡SI! Sin pensarlo.

La operación fue injerto de hueso de mi cadera izquierda para colocarlo en la cadera lado derecho, con unos clavos. Como resultado, pude usar todo tipo de zapato, tenis, huaraches y botas; y lo único que el doctor me mando a hacer fue una plantilla con un aumento de 3 centímetros. En esta ocasión mi recuperación fue más rápida, estuve enyesada desde mi cadera hasta mis pies solo unos meses; después me lo quitaron, siguiendo la rehabilitación con fisioterapia, hidroterapia, ultrasonido, compresas calientes y masajes, ensenándome a caminar con muletas antes de usar mi bastón.

¡Wuaooooo! ¡Que extraordinario! Sentir caminar con los dos pies "normal"; ya no tenía esa pesadez y cansancio que me producía caminar con mi pie corto. Te digo una cosa, no me importo vivir con el bastón todo el tiempo, situación ha durado hasta el día de hoy.

Expiación, deseo y pecado

El ambiente en mi casa era cada vez más tensa, no me podía regresar con mi hermana la mayor, porque el doctor Gonzaga no me daba de alta, además con las consecuencias de mis errores que cometí con mi cuerpo al no usar los zapatos recetados; me llenaron de más culpas, vergüenza y de emociones lastimadas en mi interior. Po lo que accedí a la presión de Lisa y de mis padres de irme a vivir sola, cerca de la zona donde recibía rehabilitación física.

¿Sabes? Jamás olvidare las palabras que Lisa me decía y con quien nunca pude tener una buena relación, me daba miedo porque en realidad ella era fuerte físicamente; pero lo que más dolía y dejaba marcas, eran sus duras palabras, llenas de odio, que me penetraban como puñales en mi corazón y las cuales me instaron a irme de la casa de inmediato; ya que por años estuve escuchando frases como:

"Tú nunca podrás ser normal", "Nadie podrá fijarse en ti", "debes irte si en verdad quieres ayudar a mis papás", "deja de hacerles gastar en operaciones que no te ayudan ¡Mírate!", etc.

Pero las palabras que me taladraron y se alojaron en mi mente por muchos años e hicieron su efecto, sintiéndome basura todo el tiempo: "Recuerda Débora que Siempre serás una INÚTIL".

Así, que decidí irme de mi casa aun con muletas y llena de miedo. Como estaba afiliada a Pemex, me daban servicio médico y el servicio de rehabilitación, además mi madre me dijo: "si te vas Débora, yo te apoyare con lo que pueda en las finanzas", así lo hice, sentí que tenía que alejarme y ella cumplió con lo que dijo esa tarde.

Instalada en una pensión para señoritas; fui dejando poco a poco las muletas para después usar mi bastón.

Me inscribí a estudiar Idiomas; pero había un problema, mi salón estaba en el cuarto piso del edificio de la escuela. Era muy difícil para mí, subir escalones lo que para otros estudiantes no era nada. Y siendo jóvenes donde la estética era lo más importante, todos se me quedaban viendo como si fuera un bicho raro. ¿Sabes? No había ninguna diferencia entre mi niñez y mi juventud. El RECHAZO era igual, la única diferencia era la edad, con muletas o con el bastón.

Recuerdo que en una ocasión estaba subiendo las escaleras del edificio de mi escuela, se acercó una chica y me empezó a hablar de Dios, me invitó a un lugar donde ella iba los domingos, Ahí empezó una bonita amistad con Lidia quien era muy alegre. Ella me insistía a que la acompañara un domingo a su Iglesia, hasta que me convenció. Llegamos a su iglesia que también le decía congregación; me presentó a la esposa del Pastor una misionera extranjera de Canadá quien me recibió con mucha amabilidad; me invitó a tomar un café, nos fuimos a su oficina, sacó la biblia y empezó a hablarme de Jesús. Mi cabeza llena de preguntas, mi corazón lleno de dolor, enojo y resentimiento; cargando los traumas desde mi niñez, por lo que mi estima estaba hecha añicos y sobre todo sin una Identidad tanto que al principio solo oía mas no escuchaba.

Así seguí yendo los domingos a su oficina para verme con ella a solas, porque no quería entrar al culto donde todos estaban reunidos y compartiendo. Escenario que duro meses así.

Mientras tanto yo seguía intentando encajar en la vida estudiantil. Quise terminar los cursos, pero no fue así, NO TERMINE.

Tuve la oportunidad de trabajar en una editorial como capturista de anuncios; gracias a una doctora que me atendía en las terapias y que también eventualmente la visitaba cuando me sentía muy enojada que ni yo sabía por qué; y como su papá era el director general de una editorial, me refirió con él.

CAPÍTULO VIII

COMO MATÉ A MIS PADRES:

Mi querido lector regresamos al momento que detonó, toda una gran revolución de emociones negativas, provocadas por el rechazo laboral, del cual, yo no estaba preparada para enfrentar tal discriminación por mi discapacidad física.

Nunca voy a olvidar que unos días antes de ir a la primera entrevista; estuve platicando con la esposa del Pastor quien me habló, acerca de cómo Dios había dado a su único hijo Jesucristo por amor, a cada uno de los seres humanos, y que con su gran sacrificio en la Cruz nuestros pecados o errores fueron perdonados y sobre todo fuimos aceptos en Él. La oí, pero otra vez como no escuché lo que me dijo, porque nunca lo entendí y mucho menos lo comprendí, de todas las palabras que ella dijo lo único, que si se quedó muy grabada en mi mente fue la palabra PERDÓN, sin entender, ni comprender realmente lo que significaba dicha palabra.

Durante esa platica, yo emocionada con lo que me estaba ocurriendo, la interrumpí y enseguida le conté de la gran oportunidad laboral que se me presentó; de las entrevistas que iba a tener, de lo feliz que me sentía, que por fin iba a lograr algo por mi capacidad de saber manejar la computación e idiomas y no por mi discapacidad física.

Recuerdo como la esposa del pastor se me quedó viendo sin decirme nada, me abrazo y me dijo: "le pediré a Dios que sea Él, guiando tus pasos en todo lo que te está pasando". Así, que, en esos días, estando en el cuarto de la pensión, encerrada y asustada, tratando de entender lo que me había sucedido. Conforme aumentaban los recuerdos de rechazo de mis padres, de mis hermanos, hermana y de la gente desde que nací, así también aumentaba mi rencor, mi odio y mi resentimiento hacia ellos.

Así que fui matando a mis padres con todos esos sentimientos negativos provocados por el rechazo, fueron tan fuertes que físicamente me dolía el pecho por horas mientras me desgarraba en llanto. No sé de dónde salían tantas lágrimas, durante tantas horas.

Pasadas las horas, lo único que vino a mi mente es ir a ver a la esposa del pastor, así que, al siguiente día, me vestí rápidamente sin saber que me puse, mis ojos no paraban de llorar, empezó a dolerme mi pecho otra vez y me fui a verla, no me importó como me veía la gente en la calle.

"Una Experiencia Real"

Cuando llegué, ella no estaba en su oficina, estaba dentro del auditorio donde daban las pláticas. Fui a buscarla desesperadamente y la encontré; Le dije con lágrimas en mi rostro que quería hablar con ella, que me respondiera ¿por qué si yo era su creación de Dios, nací así?; ¿Por qué si tenía una familia, no me amaban?; Seguí cuestionándola con un profundo llanto que no hubo necesidad que le dijera que había ocurrido. Le grite: por favor ¡Ayúdame! ¡Duele mucho! ¡Me duele mucho el pecho! Y no dejaba de llorar. No me había dado cuenta que en ese momento el grupo que tocaba los domingos, estaba ahí ensayando. Y mientras ellos tocaron, algo muy extraño sucedió, no supe en qué momento yo caí de rodillas llorando profundamente y de repente sentí claramente como alguien estuvo junto a mí, y al mismo tiempo su presencia emanaba calor, pensé que era ella; me abrazó, y yo como una niña con un llanto muy profundo, susurraba repetidamente: "ayúdame, ayúdame, duele mucho", y sin darme cuenta vino una profunda paz, además esa presencia calientita, era intensa y muy hermosa, algo que nunca, nunca la había sentido. Era tan fuerte el ambiente atmosférico y de repente... vino a mí mente la palabra PERDÓN una y otra vez, en ese momento entendí y comprendí perfectamente lo que me había dicho la esposa del pastor, acerca de cómo y de qué manera tan cruel habían rechazado al hijo de Dios su nombre JESUCRISTO y aun así, se entregó por ese sentimiento tan grande que nunca yo lo había experimentado hasta ese día, su perfecto e inmenso AMOR.

Esta experiencia tan bella y poderosa del AMOR, me quito el dolor del pecho instantáneamente, y algo increíble, fui YO, quien pidió perdón por tener tanto coraje, resentimiento y odio hacia mi padre y el silencio de mi madre.

Pedí perdón por guárdales coraje y resentimiento a mis hermanos y a una hermana.

Pedí perdón por tantos errores o si quieres llamarles pecados horribles, inequidad que yo había cometido y que siempre culpaba a mis padres por mis actos.

Sin darme cuenta del tiempo, ya habían transcurrido más de dos horas, que para mí fueron minutos. Abrí mis ojos pensando que la esposa del pastor estaba conmigo y que ella había sido quien me estuvo abrazando todo ese tiempo; y no fue así... no había nadie junto a mí... ella estaba sentada a unos metros de mí, orando y el grupo que estaba ensayando sus canciones, ya se habían ido, no había nadie, solo quedamos nosotras dos.

"Un Hombre Que le Dio un Giro a Mi Vida"

La esposa del Pastor se levantó fue hacia mí, me abrazó; yo súper asombrada e impactada de lo sucedido y, sobre todo, con una paz que la verdad nunca había sentido. Cuando le conté lo sucedido, su sonrisa tan tierna en su rostro se mantuvo todo el tiempo mientras yo, como una niña le contaba de ese hermoso abrazo que sentí todo el tiempo.

Ella con la paz que le caracterizaba, me pregunto ¿quieres saber quién te abrazo? E inmediatamente respondí: "¡Si! Por favor".

Con su sonrisa tierna me dijo: "Fue JESUCRISTO" quien te abrazo y te quito ese dolor de tu pecho con su AMOR porque ÉL te ama y te ha buscado.

Mi querido lector fue la experiencia más extraordinaria, impactante y transformadora en mi vida; además ¿Sabes?, Físicamente, me sentí ligera, liviana, como si antes hubiese cargado mucho peso sobre mi cuerpo, hasta sentí mi bastón muy ligero al caminar.

Esa hermosa mujer, esposa del pastor quien siempre tuvo paciencia y mucho amor para hablarme de JESÚS y aunque la verdad, realmente no la escuchaba y mis respuestas siempre fueron negativas y llenas de incredulidad; me preguntó: ¿Quieres conocer a este Hombre que estuvo, todo este tiempo contigo?

¡Inmediatamente mi respuesta eufórica fue! ¡SI! Por favor.

¡Wuaooooooo! Ese día realmente sentí y conocí, a un Hombre que me transformó, me cautivó y realmente me sanó; mira que te estoy contando y mis lágrimas están cayendo en este momento, por tanta gratitud de mi hacia EL.

Mi querido lector te habrás preguntado: ¿Quedó sana de su enfermedad? Y mi respuesta es: No, no quedé sana de mi discapacidad física; más bien, quedé sana de mi alma, de mi espíritu, de mis emociones, que es lo más importante en mi vida.

Porque déjame decirte mi querido lector, que en ese libro tan histórico y famoso llamado Biblia, pude conocer a ese Hombre maravilloso, que cautivó todo mi ser, su nombre como ya te lo mencioné anteriormente es JESUCRISTO.

Dentro de este libro llamado Biblia se encuentran 66 libros, interesante ¿no crees?; Y están divididos entre el Antiguo testamento que significa lo que pasó antes de Jesucristo y que comprenden de 39 libros; El nuevo testamento es lo que pasó después de Jesucristo, que comprenden de 27 libros.

CAPÍTULO IX

JESUCRISTO SI TE DA SOLUCIÓN AL RECHAZO:

Mi amado lector de te invito a que leamos juntos algunos pasajes de este hermoso libro llamado Biblia y recuerda no te estoy hablando de una religión sino de una relación, de una experiencia extraordinaria con un hombre extraordinario ¿como ves?; ¡Ándale! No lo pienses ve a buscarla y juntos o juntas pasemos esta hermosa experiencia con Jesucristo.

Mi estimado, me gustaría que leyeras conmigo con voz audible y no con la mente; este pasaje que se encuentra en la biblia en el libro de Isaías en el capítulo 53 y buscas el versículo 3, ¿Te parece si lo leemos juntos? Y recuerda con voz audible:

"3 Todos lo despreciaban y lo rechazaban. Fue un hombre que sufrió el dolor y experimentó mucho sufrimiento. Todos evitábamos mirarlo; lo despreciamos y no lo tuvimos en cuenta".

Esta es una descripción muy real de RECHAZO. Nadie sufrió un rechazo como JESUCRISTO.

Ahora acompáñame a leer los siguientes versículos del versículo 4 al versículo 6 del mismo libro de Isaías capítulo 53 y por favor lo leemos en voz alta no en la mente; vamos hacerlo:

".4 Ciertamente Él cargo con nuestras enfermedades y soportó nuestros dolores, pero nosotros lo consideramos herido, golpeado por Dios y humillado. 5 Él fue traspasado por nuestras rebeliones, y molido por nuestras iniquidades; sobre Él recayó el castigo, precio de nuestra paz, y gracias a sus heridas fuimos sanados. 6 Todos andábamos perdidos, como ovejas; cada uno seguía su propio camino, pero el Señor hizo recaer sobre Él la iniquidad de todos nosotros."

Aquí podemos ver que hubo un intercambio divino, Jesús tomó todo lo malo, para salvar al mundo, para darnos todo lo bueno. Murió como un héroe.

Estos son algunos aspectos de su intercambio:

1. Jesús fue castigado por nuestros pecados para que pudiésemos recibir PERDÓN.
2. Fue herido por nuestras enfermedades, para que recibiésemos SALUD.
3. Fue hecho pecado para que pudiésemos ser hechos JUSTICIA.
4. Fue hecho maldición para que recibiésemos BENDICIÓN.

Pero sobre todo eso JESÚS, también llevó nuestro RECHAZO en la Cruz. Murió nuestra muerte para que recibiésemos su vida. Jesús recibió este RECHAZO para que nosotros pudiéramos recibir su ACEPTACIÓN.

Muchos se alejaron porque no les gustaban sus enseñanzas o porque Él esperaba más de ellos de lo que estaban dispuestos a dar. Muchos lo odiaban porque Él desafió el statu quo, desafió la hipocresía y no cumplió con sus normas para lo que se supone que eran.

Él era amable con las personas que otros despreciaban y habló con franqueza. Por eso fue despreciado y rechazado.

Mi querido lector ¿me acompañas a leer otro pasaje? Que está dentro de la biblia, el libro de Efesios capítulo 1 versículos del 3 al 6:

3 demos gracias al Dios y padre de nuestro Señor Jesucristo por las bendiciones espirituales que Cristo nos trajo del cielo. 4 desde antes de crear el mundo Dios nos eligió, por medio de Cristo, para que fuéramos solo de él y viviéramos sin pecado. Dios nos amó tanto que 5 decidió enviar a Jesucristo para adoptarnos como hijos suyos, pues así había pensado hacerlo desde un principio. 6 Dios hizo todo eso para que lo alabemos por su grande y maravilloso amor. Gracias a su amor, nos hizo Aceptos en el Amado en Jesús.

¡Wuaooooo!! Que tremendo ¿No? Cuando Jesús llevó nuestros pecados y sufrió el RECHAZO abrió el camino para que nosotros fuésemos hechos hijos suyos.

Jesús sabía que su valor era eterno. Porque proviene de su relación con su padre. Su mensaje era verdadero; el hecho de que la gente lo *rechazara* no lo hacía menos cierto.

Mientras que a veces somos rechazados por nuestra discapacidad sea cual sea, es porque la otra persona no está lista, ni está bien para nosotros.

CAPÍTULO X

COMO DARLE MACHETAZO AL RECHAZO:

Hay 4 Cosas de Como Pasar del Rechazo a la Aceptación de Dios:

1. **El Perdón.**

El perdonar a las personas que nos han rechazado y nos han herido. Mi Amado Lector, abramos la biblia en el libro de Marcos capítulo 4 versículo 25:

25 porque al que tiene se le dará; y al que no tiene, aun lo que tiene se le quitará.

Y principalmente se aplica a nuestros padres puesto que son quienes nos han **rechazado.**

¿Te parece si buscamos otro pasaje?, Efesios capítulo 6 versículos 2 y 3:

2 honra a tu padre y a tu madre, que es el primer mandamiento con promesa; 3 para que te vaya bien, y seas de larga vida. Esta es una promesa para que nos vaya bien y seamos de larga vida.

2. **Renunciar.**

Tenemos que dejar de albergar todas las cosas que el rechazo haya producido: amargura, resentimiento, odio, rebeldía. Estos sentimientos envenenan el corazón, ocasionando problemas emocionales profundos y hasta problemas físicos.

¿Sin más, que te parece si lo hacemos?: Repite conmigo:

Renuncio a la amargura, al resentimiento, al odio y a la rebeldía.

3. *Acto de fe.*

Tenemos que aceptar lo que Dios dice en la Biblia, **aceptar que soy ACEPTADO, ACEPTADA en CRISTO;** que ya lo leímos anteriormente pero que ¿te parece si lo leemos juntos en voz audible?, En el libro de Efesios del capítulo 1 versículos del 4 al 6.

4 según nos escogió en el antes de la fundación del mundo, para que fuésemos santos y sin mancha delante de él, 5 en amor habiéndonos predestinado para ser adoptados hijos suyos por medio de Jesucristo, según el puro afecto de voluntad, 6 para alabanza de la gloria de su gracia con la cual nos hizo aceptos en el Amado.

Tenemos, **que CREER que Dios quiere que seas su hijo, su hija**; tenemos que aceptar que cuando nos acercamos a Dios por medio de Jesús, Él nos aceptará porque escrito está, en el libro de Efesios capítulo 1 en el versículo 6 dice, Aceptos en el Amado en Jesús.

Dios nos recibe con sus brazos abiertos, como sus hijos y tenemos **su favor especial, su Amor, Protección y Provisión.**

4. *Aceptarse y Amarse a sí Mismo.*

El aceptarse a sí mismo es lo más difícil de hacer.

Vemos la lista de fracasos, de comienzos sin terminar o la manera en que hemos fallado a otros. Tal vez nosotros mismos decimos que somos un fracaso, pero Dios nos llama hijo mío, hija mía; debes aceptarte a ti mismo porque Dios te ha aceptado. Porque cuando venimos a Dios por Jesús somos una nueva criatura; De modo que, si alguno está en Cristo nueva criatura es, las viejas cosas pasaron he aquí todas son hechas nuevas, es decir una nueva creación.

Mi querido lector no pienses de ti mismo en términos de como eras antes de venir a Jesús. Porque desde que viniste a Cristo Tu eres una nueva Criatura.

Te parece si buscamos en la Biblia en el libro de Efesios en el capítulo 2 en el versículo 10 y lo leemos ¿sí?:

*10 porque somos hechura suya, creados en Cristo Jesús para buenas **obras**, las cuales Dios preparó de antemano para que anduviésemos en ellas.*

La palabra **Obra** en griego significa **Poema** así que; ¡¡Wuaooooo!! Este pasaje nos está diciendo que, somos **la Obra de Arte de Dios**. Así que, si te críticas a ti mismo o a ti misma; estas criticando la obra de Dios, así que, ¡No lo hagas! Acéptate porque Dios te ha aceptado a ti. **Tu valor es eterno.** Porque el rechazo no tiene nada que ver con el valor de una persona. Es en gran parte, un reflejo del que rechaza.

Entendí que mis padres no tuvieron la culpa de lo que viví con ellos desde mi nacimiento, puesto que no estaban preparados para enseñarme a vivir y a sobrevivir con una discapacidad física, y además mi amado lector nadie puede dar Amor, si primero no recibe Amor. No creo que una persona sea capaz de Amar a menos que haya sido Amada primero; por consecuente la persona que nunca ha recibido Amor, no puede dar Amor. Esta tragedia pasa de una generación a otra generación.

El rechazo puede destruir vidas, matrimonios, familias, amistades, etc. Por eso, las heridas deben ser sanadas, para poder afrontar, cada situación adversa en la familia, o en el entorno donde la persona está viviendo.

Mi estimado lector me gustaría que busquemos en la Biblia el libro de Proverbios capítulo 18 y leamos el versículo 14:

"el ánimo del hombre soportará su enfermedad; Mas ¿Quién soportará el ánimo angustiado?"

Ahora leamos el libro de proverbios en el capítulo 15 en el versículo 13 y ahí está diciendo ¿quién soportará un espíritu herido? Y como dice Prince Derek, basándose en este versículo, Las heridas del Espíritu son difíciles de definir y diagnosticar, entran en un nivel más profundo que la mente y la memoria.

Muchas personas llevan heridas en el Espíritu que ni siquiera saben que tienen, las han mantenido ocultas; sus mentes no quieren confrontarlas, sus memorias no quieren traerlas a la superficie, pero ahí están, bien profundas, en la parte más íntima del hombre, que se llama Espíritu. Muchas veces se remontan muchos años atrás, a los días de la niñez o en su juventud y la mente rehúsa encararla, pero ahí están como un objeto perturbador.

La causa más común de un espíritu herido es el rechazo. Así que no saben expresar o manifestar el AMOR.

En el libro de Isaías en el capítulo 61 versículo 1 dice:

1 El Espíritu de Jehová esta sobre mí, porque me ungió Jehová; me ha enviado a predicar buenas nuevas a los abatidos, **a vendar a los quebrantados de corazón,**

a publicar libertad a los cautivos, y a los presos apertura de la cárcel.

Este pasaje es el remedio para el rechazo, nota esa frase: *a vendar a los quebrantados de corazón.*

El cumplimiento de esta promesa escrita en la Biblia, es el remedio para el RECHAZO que viene a nosotros por medio de **Jesús en la Cruz**. Créeme, que hay poder en la sangre que derramó Jesucristo para darnos **Victoria** contra el **RECHAZO**.

CAPÍTULO XI

CON Él TODO LO PUEDO

Una Oración Simple.

Amado lector quiero invitarte a tener una experiencia con Jesucristo, yo soy una persona común que tuve muchos fracasos, llena de odio, dolor, resentimiento, amargura, buscando ser amada y aceptada pero una vez que viví la experiencia más extraordinaria y sobrenatural con Jesucristo qué me Sanó, me Liberó y me Transformó con su perfecto AMOR de todas esas emociones que estaban destruyéndome.

Culpando a los seres más importantes de mi vida: mis padres a quienes odie por todo lo que me pasaba puesto que ya mi corazón estaba lleno de Ira contra ellos y contra mis hermanos y mi hermana.

Amado lector puede que creas que eres la persona más incapaz de llegar a tener esta experiencia de Jesucristo en ti. Puede que creas que eres el más alejado de tener esta experiencia con el Señor; pero en realidad, **¡El Señor te ha escogido a TI de modo especial!** Eres el más indicado para conocerlo bien a Él. De modo que nadie se sienta excluido. Jesucristo nos llama a todos nosotros.

Así que mi amado lector te invito a hacer esta Oración que es una plática especial con Dios. Lo hacemos juntos y recuerda hacerlo con voz audible, ¡Hagámoslo!:

- Dios te doy gracias porque me Amas.
- Porque entregaste a Jesús tu hijo para morir por mí.
- Porque Él llevó mi pecado.
- Porque Él llevó mi Rechazo.
- Porque Él pago por mi culpa.
- Y porque vengo a ti; por medio de Él no soy Rechazada, rechazado. ni excluida o excluido.
- Tú me Amas realmente, soy tu Hija, tu Hijo.
- Tú eres mi Padre y pertenezco a tu Familia, a la mejor familia del universo.
- El Cielo es mi hogar, verdaderamente tengo un lugar a donde pertenezco, muchas gracias mi Dios.

¡Wuaooooo! ¡FELICIDADES! Mi Estimado Lector.

¿Recuerdas que hemos estado leyendo la Biblia, a la cual también le llamamos escrituras?; El libro de Efesios capítulo 1; te pido de favor que busques en el mismo capítulo 1 pero ahora leamos el versículo 13

13 ustedes oyeron y creyeron la buena noticia de su salvación, que es un mensaje verdadero, y gracias a Cristo pasaron a formar parte del pueblo de Dios y

recibieron EL ESPÍRITU SANTO, que nos había prometido.

Al hacer esta oración significa que decidiste creer, y en ese mismo instante fuiste sellado con el Espíritu Santo.

Dios decidió darte la promesa del Espíritu Santo quien te ayuda, te enseña a vivir y a sobrevivir con sabiduría e inteligencia para que sepas como relacionarte con todas las personas con o sin discapacidad. El Espíritu Santo te ayudara a en TODO.

Relación Profunda e Íntima con Jesucristo

Mi amado lector la invitación que te estoy haciendo es de vivir una relación enteramente nueva y más profunda con Jesucristo.

En general a Madame Guyon se le acredita incluso por sus enemigos, el hecho de ser una de las mujeres más conocidas de la historia de la Iglesia. Impactando en la historia de toda la nación de Francia. No me cabe duda que Madame Guyon fue inspirada por el Espíritu Santo en todos sus escritos.

En "Como experimentar las profundidades de Jesucristo" uno de sus Libros más influyentes que hasta los historiadores seculares han reconocido el gran impacto en la historia cristiana.

Puede que tu dudes que en realidad Dios puede ser hallado tan fácilmente. Si es así, no me creas meramente por mis palabras, sino prueba tú mismo (a) lo que te estoy proponiendo; porque estoy segura de que tu propia experiencia te habrá de convencer de que la realidad es mucho más grande de lo que yo te he dicho.

Así como hemos sido llamados a la **Salvación** así también hemos sido llamados a tener una ***relación profunda con Jesucristo***, esto es poner nuestro corazón a Jesús y rendirlo a Él.

Él en nuestro corazón.

Entonces ¿Cómo has de venir Tú al Señor, a fin de conocerlo de una manera tan profunda? ***La Oración es la clave***.

Es una clase de oración muy sencilla, pero con todo, que tiene perfección y bondad. Cosas que se hallan en Dios mismo.

La única manera en que tú puedes vivir en su presencia, en una ininterrumpida comunión, es por medio de ella, la oración; pero una muy especial que te introduce a la presencia de Dios y te mantiene allí en todo tiempo.

Una Oración que se puede experimentar bajo cualquier condición, lugar y momento.

Mi estimado Lector tal vez preguntarás: ¿Pero hay realmente tal Oración? ¿Existe verdaderamente semejante experiencia? Y mi respuesta es: ¡Si, existe! Una oración que no interfiere con tus actividades externas ni con tu rutina diaria. Es una clase de oración que los gobernantes, los sacerdotes, los soldados, los obreros, los niños, las mujeres, y hasta los enfermos pueden practicar.

La clase de *oración* que te estoy hablando, no es una que viene de la mente. Es una *oración* que comienza en el corazón. No viene de nuestro entendimiento, ni de nuestros pensamientos. La *oración* que se hace al Señor con la mente, simplemente no sería adecuada. ¿Por qué? Porque nuestra mente es limitada.

Una vez que aprendes como buscar a Jesucristo y cómo tomarte de Él, tu verás que este camino es tan fácil, que cada vez más vas a tener el deseo, el anhelo y la pasión de estar con el Señor.

Mi querido lector comenzamos:

Primero con voz audible dices: Espíritu Santo voy a leer la Biblia y te pido me ayudes en este ejercicio que voy a hacer.

Abres la Biblia, escoge algún pasaje que sea sencillo y bastante practico.

Ven al Señor de forma callada y humilde. Allí, delante de Él, lee una porción del pasaje bíblico que hayas elegido.

Esmérate cuando leas, hazlo muy despacio, saboréalo y digiérelo conforme vas leyendo. No te muevas de un pasaje a otro hasta que hayas captado el verdadero sentido de lo que has leído. Entonces puede que quieras tomar esa porción de la biblia que te ha tocado y desees convertirla en oración.

De manera muy suave y en forma tranquila comienzas a leer la siguiente porción. Y tal vez leíste muy poco.

"Orar las Escrituras" no es cuanto lees, sino la forma en que lees, y como dice Madame Guyon, que, si lees rápido, te beneficiara muy poco. Serás como una abeja que meramente rozas la superficie de una flor. En cambio, si lees despacio, vendrás a ser como la abeja que penetra en las profundidades de la flor. Se zambulle hondo dentro de ella para sacar su néctar más profundo.

Mi Amado Lector si tú haces este ejercicio, poco a poco vendrás a experimentar una oración muy rica que fluye de lo más profundo de tu ser; porque recuerda que el **Espíritu Santo está dentro de ti para ayudarte.**

CAPÍTULO XII

¿QUE ES LA DISCAPACIDAD Y QUE TIPOS DE DISCAPACIDAD EXISTEN?

La discapacidad es la condición bajo la cual ciertas personas presentan alguna deficiencia (física, mental, intelectual o sensorial) que a largo plazo afectan la forma de interactuar y participar plenamente en la sociedad.

Una **discapacidad** es una condición que hace que una persona tiene dificultades para desarrollar sus tareas cotidianas y corrientes que, al resto de individuos, no les resultan complicadas. El origen de una discapacidad suele ser algún trastorno en las facultades físicas o mentales.

En los últimos tiempos, la discapacidad se está considerando desde de la accesibilidad, se contempla la adecuación de entornos y dispositivos para que las personas con discapacidad puedan usarlos de la misma manera que el resto. Para ello se necesita considerar ciertos aspectos técnicos que reduzcan las barreras para quienes sufren de alguna discapacidad (como rampas para las personas que se movilizan en sillas de ruedas o semáforos con sonido para los no videntes).

Desde la perspectiva de **derechos humanos**. El objetivo, entonces, pasó a ser, la integración de estas personas en la sociedad, facilitando esto a partir de la idea de accesibilidad.

Tipos de discapacidad:

1. Física.
2. Visual.
3. Intelectual.
4. Mental.
5. Daño Cerebral Adquirido.
6. Autismo o Asperger.

Discapacidad Física o Discapacidad Motriz:

La característica común de la discapacidad física es que se ve afectado algún aspecto del funcionamiento físico de una persona, por lo general su movilidad, destreza o resistencia.

Las personas con discapacidad física suelen ser expertas en sus propias necesidades, y comprenderán el impacto de su discapacidad.

Hay muchos tipos diferentes de discapacidad y una amplia variedad de situaciones que las personas experimentan.

La discapacidad puede ser permanente o temporal. Puede existir desde el nacimiento o ser adquirida más tarde en la vida.

Las personas con la misma discapacidad tienen tantas probabilidades como cualquier otra persona de tener capacidades diferentes.

Tipos de discapacidad física:

Las distintas clases de discapacidad física o motriz son las siguientes:

Monoplejía:

Parálisis en una única extremidad, generalmente producida por daños en el nervio que interviene en la zona afectada

Paraplejia:

Esta afectación debida a una lesión medular en la zona dorsal, supone la parálisis o incapacidad de movimiento de la mitad inferior del cuerpo. **Afecta básicamente a piernas y pies.** La persona pierde la capacidad de caminar y afectaciones fisiológicas.

Tetraplejia:

Alteración debida a una lesión medular cervical cuya repercusión se observa en la pérdida total de la capacidad de movimiento de las extremidades inferiores y en la pérdida total o parcial de la capacidad de movimiento de los miembros superiores. Según la posición de la lesión las dificultades serán mayores o menores, implicando por lo general una mayor afectación y discapacidad asociada aquellos daños en las vértebras más cercanas al cráneo. De hecho, puede llegar a provocar la necesidad de utilizar respiradores artificiales de cara a mantener la respiración del paciente.

Hemiplejia:

Se trata de una alteración o lesión en el sistema nervioso que produce la parálisis de la parte opuesta o contralateral a la dañada. Suele deberse a accidentes cerebrovasculares o traumatismos craneoencefálicos.

Espina bífida:

Se trata de un tipo de malformación congénita, en que el tubo neuronal y la columna vertebral no se cierran por completo durante la formación del feto, produciéndose daños en los nervios y la médula que pueden impedir o dificultar el movimiento de la persona.

Distrofia muscular:

El grupo de trastornos englobados dentro de la distrofia muscular provocan la presencia de un tono muscular débil que va perdiendo tejido con el tiempo, haciendo difícil el movimiento y provocando una discapacidad. Se trata de uno de los tipos de discapacidad física más frecuentes.

Parálisis cerebral:

La parálisis cerebral es una condición médica crónica debida a problemas durante el desarrollo cerebral del feto o niño, que **produce graves efectos en la motricidad**. Estos efectos pueden ir desde dificultades y lentitud de movimiento, rigidez, agitación, convulsiones o incluso una parálisis completa de la musculatura voluntaria.

Amputación:

La pérdida de extremidades o de partes del cuerpo pueden provocar una discapacidad física al limitar el funcionamiento habitual de la persona.

Discapacidad Auditiva:

Consiste en el deterioro o falta de la función sensorial de oír (sordera parcial o total, dificultades para hablar). Los problemas de audición pueden variar de leves a profundos. Las personas con problemas de audición pueden utilizar una serie de estrategias y equipos que incluyen el habla, la lectura de labios, las notas escritas, implantes cocleares, audífonos o intérpretes de lengua de signos.

Cuando se habla con una persona sorda o con problemas de audición:

Mire y hable directamente con ellos, **no sólo con las personas que los acompañan**, incluyendo los intérpretes.

1. Hablar claramente y usar un tono de voz normal a menos que la persona con la discapacidad auditiva indique lo contrario.
2. Si no entiendes lo que una persona está diciendo, pídele que repita o reformule la frase, o alternativamente ofrécele un bolígrafo y un papel.

Discapacidad Visual:

Consiste en el deterioro o falta de la función sensorial de ver (visión disminuida, ceguera).

Cuando se habla con una persona ciega o que tiene una deficiencia visual:

1. Siempre identifíquese a sí mismo y a los demás con usted
2. Pregunte si la persona requiere asistencia, y escuche las instrucciones específicas, sin embargo, puede rechazar el ofrecimiento.
3. Si está guiando a una persona, déjala tomar su brazo, en lugar de tomar el suyo. Describa cualquier cambio en el entorno como pasos, obstáculos, etc.

4. Si la persona tiene un perro guía, por favor recuerde que el perro está trabajando y no debe ser acariciado, alimentado o distraído.

Discapacidad Intelectual:

Consiste en limitaciones significativas en el funcionamiento intelectual y en la conducta adaptativa, que se manifiesta en habilidades adaptativas conceptuales, sociales y prácticas. Una persona con discapacidad intelectual puede tener limitaciones significativas en las habilidades necesarias para vivir y trabajar en la comunidad, incluyendo dificultades con la comunicación, el autocuidado, las habilidades sociales, la seguridad y la autodirección.

Lo más importante que hay que recordar es tratar a cada persona como un individuo:

1. Una persona con discapacidad intelectual es como cualquier otra, trátela como le gustaría que la trataran.
2. Ser considerado con el tiempo extra que puede tomar para una persona con discapacidad intelectual hacer o decir algo.
3. Tengan paciencia y presten toda su atención, especialmente con alguien que hable despacio o con gran esfuerzo.

Salud Mental o Discapacidad Psicosocial:

Consiste en alteraciones o deficiencias en las funciones mentales, específicamente en el pensar, sentir y relacionarse. Es conocido también bajo el término de *"Discapacidad psicosocial"*.

Enfermedad mental es un término general para un grupo de enfermedades que afectan a la mente o al cerebro. Estas enfermedades, que incluyen el trastorno bipolar, la depresión, la esquizofrenia, la ansiedad y los trastornos de personalidad, afectan a la forma en que una persona piensa, siente y actúa.

Una persona con un problema de salud mental puede tener dificultades para concentrarse, lo que a veces puede ser el resultado de la medicación. Trate de evitar las situaciones excesivamente estresantes siempre que sea posible para que su condición no se agrave.

Personas con daño cerebral adquirido (DCA):

La lesión cerebral adquirida (LCA) se refiere a cualquier tipo de daño cerebral que ocurre después del nacimiento. La lesión puede ocurrir debido a una infección, enfermedad, falta de oxígeno o un traumatismo en la cabeza.

Los efectos a largo plazo son diferentes para cada persona y pueden variar de leves a profundos. Es común que muchas personas con ABI experimenten:

1. Un aumento de la fatiga (mental y física)
2. Algunos disminuyen la velocidad con la que procesan la información, planifican y resuelven los problemas
3. Cambios en su comportamiento y personalidad, en sus habilidades físicas y sensoriales, o en su pensamiento y aprendizaje
4. También puede tener dificultades en áreas como la memoria, la concentración y la comunicación.

Una persona con una lesión cerebral adquirida no tiene una discapacidad intelectual y no tiene una enfermedad mental.

Personas con trastornos del espectro autista:

El autismo es una descripción general que incluye el trastorno autista, el síndrome de Asperger y el autismo atípico. El autismo **afecta a la forma en que la información es tomada y almacenada en el cerebro.** Las personas con autismo suelen tener dificultades en la comunicación verbal y no verbal, en las interacciones sociales y en otras actividades.

Los impedimentos suelen existir en tres áreas principales de funcionamiento:

1. La interacción social
2. Comunicación
3. Comportamiento (intereses restringidos y comportamientos repetitivos).

Muchas personas con un trastorno del espectro autista también tienen **sensibilidades sensoriales**, es decir, una sensibilidad excesiva o insuficiente a la vista, el tacto, el gusto, el olfato, el sonido, la temperatura o el dolor.

Algunas características del síndrome de Asperger:

Las personas que padecen el síndrome de *Asperger* **suelen tener una inteligencia media o superior a la media** y pueden mostrar una amplia gama de comportamientos y habilidades sociales. Las personas con *síndrome de Asperger* **pueden** mostrar algunas de las siguientes características:

1. Dificultad para formar amistades.
2. Capacidad de hablar bien, ya sea demasiado o demasiado poco, pero dificultad de comunicación.
3. La incapacidad de entender que la comunicación implica tanto escuchar cómo hablar.
4. Una comprensión muy literal de lo que se ha dicho. Por ejemplo, cuando se le pide que se «pierda», como en «váyase», una persona con el síndrome de Asperger se confundirá y puede literalmente tratar de «perderse».
5. Incapacidad para entender las reglas de comportamiento social, los sentimientos de los demás y para «leer» el lenguaje corporal. Por ejemplo, una persona con el síndrome de Asperger puede no saber que alguien está

mostrando que está enojado cuando frunce el ceño.
6. Sensibilidad a la crítica.
7. Un estrecho campo de intereses. Por ejemplo, una persona con síndrome de Asperger puede concentrarse en aprender todo lo que hay que saber sobre coches, trenes o computadoras.
8. Excentricidad.

Derechos a nivel internacional:

El 13 de diciembre del 2006, la Organización de las Naciones Unidas acordó formalmente la **Convención sobre los Derechos de las Personas con Discapacidad:**

"Desde sus comienzos, las **Naciones Unidas** han tratado de mejorar la situación de las personas con discapacidad y hacer más fáciles sus vidas. El interés de las Naciones Unidas por el bienestar y los derechos de las personas con discapacidad tiene sus orígenes en sus principios fundacionales, que están basados en los derechos humanos, las libertades fundamentales y la igualdad de todos los seres humanos".

Este es el primer tratado del sistema de **derechos humanos** del siglo XXI, destinado a proteger y reforzar los derechos y la igualdad de oportunidades de las cerca de 650 millones de personas con discapacidad que se estima hay a nivel mundial. En él, se establece que todos los seres humanos tienen derechos que deben ser respetados. Entre ellos se encuentra que todo ser humano tiene derecho a la vida y, como tal, nace libre y es considerado igual. Además, toda persona tiene derecho a la autonomía, a la no discriminación y a la participación en la sociedad, a la igualdad de oportunidades y a la accesibilidad.

También tienen derecho a la seguridad de la propia persona, al reconocimiento de las personas ante la ley y la justicia, a la libertad de expresión, a la libertad de circulación, a una nacionalidad y a un trabajo y a un salario igualitario.

Por último, también se recogen el derecho al respeto de la privacidad, a contraer matrimonio y a fundar una familia, a la salud, a un nivel adecuado de protección social, a la educación y a tener una vida digna.

Cuando un niño con discapacidad Física percibe que es diferente a los demás en un sentido negativo, comienza a desarrollar problemas emocionales; en especial, tiende a manifestar sentimientos de inferioridad, mismos que se acentúan con la discriminación social - e incluso familiar - que suele padecer. En este contexto resulta difícil para el niño crear un buen autoconcepto y aceptar sus diferencias.

El Psicólogo Guy Winch recuerda que son las mismas áreas cerebrales las que se activan cuando nos sentimos rechazados y cuando experimentamos dolor físico. Por eso el rechazo duele tanto, neurológicamente hablando. Nuestro cerebro responde de modo idéntico, pues, al desprecio y al dolor físico.

PALABRAS FINALES

Mi mayor deseo es que estas líneas te hayan llevado a entender el gran amor de Dios. Que Él nos quiere tal cual somos, y cuando te digo como somos, es en todo sentido, sin discriminación, sin diferencias, sin marcas... yo tardé un tanto es superar mis miedos, tardé en perdonar... pero con la ayuda de Él dejé las cargas y me llevó a vivir plena a lograr una familia bendecida, y lo más importante un espíritu sano.

Querido lector, vuélvete a Él, no importan donde estes simplemente abre tu corazón, alábalo, platica con Él, busca su presencia y recibe del Padre, del Hijo y del Espíritu Santo sus bendiciones, recibe la paz y gozo sobrehumano que solo Él puede dar.

BIBLIOGRAFÍA:

Jeanne Guyon. Primera edición en español 2001.

1975 por Gene Edwards. "Como experimentar las profundidades de Jesucristo". Chicago Il., EE.UU. Editorial El faro

Derek Prince "Venciendo la culpa, vergüenza y rechazo". Video de YouTube, 1:04 13 feb 2021 disponible.

Made in the USA
Middletown, DE
28 May 2024

54821069R00066